MATHIJS VAN ALSTEIN

Versuche in der Leere

MATHIJS VAN ALSTEIN

Versuche in der Leere

Von der Leidenschaft zur Erkenntnis

Verlag Urachhaus

Die Texte dieses Buches basieren auf Vorträgen des Autors, gehalten in den Jahren 2012 – 2019 in den Niederlanden, Deutschland und den USA. Sie sind eine neu bearbeitete Fassung von Beiträgen, die in diesem Zeitraum in der Zeitschrift *Die Christengemeinschaft* publiziert wurden.

ISBN 978-3-8251-5308-3

Erschienen im Verlag Urachhaus
www.urachhaus.com

Umschlaggestaltung: Klaus H. Pfeiffer
Umschlagabbildung: Iris Templeton, Hamburg
Gestaltung und Satz: Katja Schüch, Kirchheim / Teck
Druck: GGP Media GmbH, Pößneck

MIX Papier | Fördert gute Waldnutzung FSC® C014496

Klimaneutral Druckprodukt ClimatePartner.com/53248-2106-1005

Inhalt

Vorweg

Einige Monate nach dem Brand des Goetheanums gibt Rudolf Steiner eine Meditation, die anfängt mit den Worten: »Fange den Falter.« Mit diesem Falter ist ein Denken gemeint, das aus der Raupe des Gehirndenkens hervorgegangen ist und jetzt mit neu entbundener Qualität in der Welt aufgeht, geflügelt, leicht und farbig.[1] Man staunt nur, dass eine Meditation auf diese Weise *beginnen* kann. Denn was hier ohne Weiteres vorausgesetzt wird, ein Denken nämlich, das sich verwandelt hat und schmetterlingsweise in der Lage ist, die Beschränkungen der irdischen Schwere wie eine Puppe abzulegen, ist den wenigsten selbstverständlich, vor allem weil es sich hier nicht um ein Gleichnis handelt, was bei einer ersten Betrachtung auf der Hand liegen könnte, sondern um eine Wirklichkeit, in der das Denken völlig unmetaphorisch aus dem Grab des Schädels aufersteht, *lebendig* wird, um neu geboren den Bezug zur Welt zu ändern. Dennoch ist es genau dieser Golgatha-Moment im Denken, den die Faltermeditation zu ihrem Ausgangspunkt nimmt. Die Gehirnpuppe ist schon zerrissen, die Verwandlung ist schon geschehen, und jetzt gilt es dasjenige, was daraus hervorkam, zu fangen: Das Denken soll sich bei seiner neu gefundenen Tätigkeit selbst ergreifen. Und das ist nur der Beginn, denn ab hier geht es in dieser Meditation erst richtig los. Dieses gaukelnde Denken, das sich selbst ordentlich in die Hand genommen hat, soll, so vernehmen wir,

---

1 J. Emanuel Zeylmans van Emmichoven, *Die Erkraftung des Herzens*, Verlag des Ita Wegman Instituts, Arlesheim 2009, S. 108-114; Judith von Halle, »Die Faltermeditation und die Tempellegende«, *in: Meditation und Seelenprüfungen in der Anthroposophie und in den Evangelien*, Verlag für Anthroposophie, Dornach 2019, S. 9-51.

wie ein Nietzsche-Zarathustra »in eisige Höhen« gesandt werden, »wo die Weltenträume walten«, um sich dort noch mal umzugestalten: Der Falter soll zum Vogel werden – bestimmt ist hier kein Hausspatz gemeint, ein Adler oder Falke käme eher in Betracht –, um dann (so stellen wir uns weiter vor, denn Genaueres wird darüber nicht berichtet) in diesem Höhenflug ungestört seine Ausblicke zu genießen. Könnte es herrlicher sein? Vermutlich nicht, wenn hier das Ende der Geschichte wäre. Aber das ist natürlich nicht der Fall. *What goes up must come down*, sagen die Amerikaner, und das gilt auch hier. Wie wird die Landung dieses hinreißenden Vogels aussehen? Nachdem »der Arbeit Hälfte vollbracht« ist, das heißt das Erlangen eines souveränen Überblicks, soll dieses geflügelte Denken sich suizidal hinabstürzen und eintauchen »In Meerestiefen/ Wo der Weltenwille wirket«. Was mag das bedeuten? Das lebendig gewordene Denken wird nach seiner kosmischen Umschau – mit Saturn und Vulkan als bescheidenen Horizonten[2] – offensichtlich wieder in den Tod getrieben, um sich in dieser Opfertat neu zu vereinen mit all dem, was da unten im Tale der Mittelmäßigkeit an Alltag vorgeht. Der Wille der anderen wird sprechen und sich geltend machen. Zarathustra neigt den Kopf. Gedemütigt ist das Denken wieder angekommen, wo es war, bevor es ein Falter wurde: unter den Leuten, auf dem banalen Marktplatz des Seins. Der Kreis hat sich geschlossen. Gerechtigkeit ist geschehen, jede Überheblichkeit ausgeglichen. Zu meinen, dass dieses merkwürdige Drama sich damit nicht mehr steigern könnte, erweist sich aber als Fehlschluss. Denn nachdem der Denkvogel im Meer des Weltenwillens ertrunken ist, wie ein Ikarus ruhmlos in den Wellen untergegangen, soll seine Leiche im Feuer *verbrannt* und die verbliebene Asche *verzehrt* werden. Erst dann, so hören wir, ist der nun

2 Rudolf Steiner, *Die Geheimwissenschaft im Umriss*, GA 13, S. 400.

Eingeweihte »das Licht im Weltendunkel«. Erst da erreicht dieser Mystenweg sein würdiges Ende.

Es wird wohl kaum jemand geben, der bei der ersten Lektüre dieser Meditation nicht fassungslos zurückbleibt. Nicht nur darüber kann man staunen, dass sie so ungeniert anfängt. Es wäre auch durchaus berechtigt, sich zu wundern, dass es überhaupt einen Menschen auf Erden gegeben hat, der diese Zeilensequenz durch seine Hand hat gehen lassen und es auch noch gewagt hat, sie freizugeben. Dennoch macht das Ganze den tiefsten Sinn, und es lohnt sich, immer wieder zurückzugreifen auf das, was hier aus geistigen Tiefen verkündet worden ist. Diese Meditation ist nicht dazu vorbestimmt, rätselhaft zu bleiben. Sie kann ergriffen und angeeignet werden. Dabei werden ihre Geheimnisse an einem bestimmten Punkte sogar selbstverständlich: Es kann einem deutlich werden, dass alles exakt so sein muss, wie es hier beschrieben wird. Die einzige Bedingung, die es an der Stelle gibt, ist die Bereitschaft, selbst Teil eines Erkenntnisdramas zu werden und kein Zuschauer zu bleiben. Dass das Denken sich umgestalten kann, indem es zum Erkenntnisorgan wird, ist nicht nur etwas, worüber man in den Schriften eines österreichischen Mystikers und Anarchisten lesen kann; es kann und muss auch in die eigene Erfahrung gebracht werden. Wer das Gesamtkunstwerk Rudolf Steiners als Information hinnehmen möchte, sollte es lieber unterlassen, sich in dessen Nähe zu begeben. Kein Denker in der ehrwürdigen Geschichte des Denkens hat es seinen Schülern so kompromisslos abverlangt, selbst aktiv zu werden. Bestimmt muss hier die eherne Sprache des Schicksals sprechen, aber nie sollte von vornherein ausgeschlossen werden, dass verhältnismäßig schnell nach der Bekanntschaft mit diesen Schriften die geistige Erfahrung einsetzen kann. Wenn das Denken philosophisch trainiert ist, kann in der Tat eintreten, dass es sich auf einmal rasch und unerwartet in eisigen Höhen befindet, wo es Dinge erleben darf, die aus der Froschperspektive nur verrückt erscheinen können. Frei schwebend überschaut es nicht nur diachron die Jahrhunderte, sondern auch synchron, was aus diesen Jahrhunderten geworden ist. Alles wird zum Auge: Die Welt erweist sich als ein Sehen und ein Gesehenwerden zugleich. Das sind innere Abenteuer, die manchmal halsbrecherisch sein können. Kaltblütigkeit ist sehr erwünscht, um dabei nicht schwindelig zu werden – man möchte nicht vorzeitig und schlecht landen. Dennoch stellen solche Einschnitte rückblickend einen Geistesruf dar, der die wichtigsten Entscheidungen inspiriert. Prägend für ein ganzes Leben war es, in einem Park in Antwerpen an einem Herbstabend im Jahre 2000 unmittelbar zu schauen, was es heißt, dass es einen *Sündenfall* gegeben hat. Wieso soll ein vierundzwanzigjähriger, von Liebeskummer geschlagener Doktorand auf einmal denkend *sehen*, mehr außerhalb seines Körpers als in ihm, dass die Wirklichkeit selbst bei einer sich fortsetzenden Implosion eingestürzt ist? Wieso musste er gleichzeitig erleben, dass die Leute, die in der Straßenbahn an dem Park entlangfuhren, von ihrer elektrischen Einsperrung nicht einmal das Geringste ahnten? So ein Abend wäre kaum zu verkraften gewesen ohne direkten, rechtzeitigen Trost. Eine erste und wichtige Beruhigung war es, dass diese bestürzende Erfahrung nicht allein, sondern in Begleitung eines fünfzehn Jahre älteren Freundes gemacht wurde, dem die Anthroposophie zum alles umstürzenden Lebenszentrum geworden war und der sich an diesem Oktoberabend berufen fühlte, den Zyklus *Die Welt der Sinne und die Welt des Geistes* haargenau zu referieren.[3] Eine

3 Dieser Vortragszyklus wurde 1912 gehalten. Rudolf Steiner: *Die Welt der Sinne und die Welt des Geistes*, GA 134. Siehe auch Kapitel 9 im vorliegenden Buch.

zweite Ermunterung war es, nomen est omen, dass dieser geistbereite Park *Harmonie* hieß – wo es sich um den Sündenfall handelt, ist die Gnade nie weit weg. Es muss schon gewisse innere Gründe dafür gegeben haben, dass Wolfram von Eschenbach auf der letzten Seite seines Epos von allen möglichen Orten in der Welt gerade die Scheldestadt nennt.[4] Auch nicht umsonst hat er den Gral in innigste Beziehung zu dem mythischen und mystischen Vogel Phönix gesetzt.[5] In Rot und Gold sind die Federn dieses wunderbaren Auferstehungsgeschöpfs, den Farben, die die Priestercasula in der Christengemeinschaft zu Himmelfahrt hat. Dieser Vogel stieg im Park Harmonie im letzten Herbst des 20. Jahrhunderts überrascht hoch, *airborne,* wie es so schön auf Englisch heißt, um diesen Flug jahrelang durchzuhalten – auch das ist letztendlich nur als eine Schicksalsangelegenheit zu verstehen. Eine Zeit des unaufhörlichen Steiner-Lesens folgte, jeden Tag drei oder vier Vorträge, ununterbrochen, voll aufgehend in den Einblicken in das, was ist; denn an einem fehlt es einem jungen Mann nicht, der zu Hause bei seinen Eltern wohnt und gut bezahlt wird, um Bücher zu lesen: Zeit. Könnte es herrlicher sein? Vermutlich nicht, wenn der Weltenwille da unten nicht dabei gewesen wäre, seinen Tribut zu fordern. Das Aufgeben einer schönen Stelle an der Universität war ohne Zweifel ein Sprung in eine ungewisse Zukunft. Manchmal muss das Pferd aber gewechselt werden im Leben! Niemand, der drei Jahre an einem Seminar der Christengemeinschaft verbracht hat, wird nachher sagen, in dieser Zeit nicht auch innerlich gestorben zu sein. Das Meer des Weltenwillens breitete sich aus in der Form einer kultischen Gemeinschaft, einer modernen Ordensregel, in der der

---

4 Wolfram von Eschenbach, *Parzival*, 825.

5 Wolfram von Eschenbach, *Parzival*, 469.

Vogel der Erkenntnis nun seinen Ertrinkungstod erlitt. »Ertrinkt der Vogel/ Dann bleibt dir noch zu tun/ Die Vogelleiche/ Im Feuer läuternd zu verbrennen.« Was wäre eine Priesterweihe, wenn nicht ein Verbrennen von all dem, was vorher war? Auch wird sich für jeden Geweihten bald herausstellen, dass die treue und manchmal herbe Arbeit *nach* dieser feierlichen Einäscherung ein fortwährendes Verzehren der Weihereste ist. Kein Rätsel bleibt die Faltermeditation, wenn sie einmal durchlebt worden ist. Sie leuchtet im Gegenteil ein als die äußerst präzise Darstellung eines spirituell geführten Lebens.

Es ist nicht meine Absicht, irgendwelche Ansprüche zu erheben, indem ich hier gewisse Intimitäten meines Werdeganges nachzeichne. Sie werden nur erwähnt, um anzudeuten, wie die folgenden Erkenntnisminiaturen entstanden sind. Sie sind das Ergebnis einer Bemühung, die nicht mehr aufhören kann, aus dem einfachen Grund, dass sie einst mal angefangen hat. Jedes Kapitel dieses Buches steht für sich und kann gelesen werden, ohne die anderen einzubeziehen. Wer es doch vorzieht, das Ganze von vorne bis hinten durchzulesen, wird aber merken, dass es trotz ihrer Diversität kein loser Faden ist, der diese Abschnitte zusammenhält. Auf jeder Seite, so kann sich erweisen, wird die gleiche Geschichte erzählt. Sie handelt von den Geschicken eines kleinen Falters, der aufwachte und herausfand, dass die Höhen und die Tiefen eine Spannweite sind, die nicht vermieden, sondern ausgetragen werden muss, damit das Weltendunkel sich aufhellen kann.

Fange den Falter
Sende ihn in eisige Höhen
Wo die Weltenträume walten
Wird er dir zum Vogel
Dann hast du der Arbeit Hälfte vollbracht
Den Vogel tauche *IAOUE*
In Meerestiefen
Wo der Weltenwille wirket
Ertrinkt der Vogel
Dann bleibt dir noch zu tun
Die Vogelleiche
Im Feuer läuternd zu verbrennen
Dann verzehr' die Asche
Und du bist
Das Licht im Weltendunkel

Rudolf Steiner,
Dornach, 27. Mai 1923

I Dem Gral auf der Spur

I Wolfram und das Geheimnis der Pferde

Das letzte Bild in *Andrej Rubljow*, dem denkwürdigen Film Andrej Tarkowskijs über Russlands bekanntesten Ikonenmaler, zeigt vier Pferde. Sie stehen im Regen. Das Bild ist nebelig und folgt einem minutenlangen *close up* auf eine der eindrucksvollsten Ikonen Rubljows, die es erlaubt, dem Auferstandenen recht ins Auge zu sehen, auf ein Bild also, das eigentlich nicht gesteigert werden kann. Und dennoch. Nach Christus – vier Pferde, im Regen. Das Bild wird nicht lange angehalten und lässt den Betrachter erschüttert zurück. Warum? Der Film zeigt Russland im frühen 15. Jahrhundert, mit seiner einzigartigen Mischung aus Chaos und Frömmigkeit, Schlamm und Gold. Eine unvergessliche Bilderflut wird über uns ausgeschüttet. Wieso sind es nach mehr als drei Stunden spätmittelalterlicher Szenen vier Tiere, die uns am Ende anrühren? Es könnten choreographische Gründe für diese Wirkung angegeben werden: die rohe Brutalität und Gewaltförmigkeit, die uns gerade vorgeführt wurden, auch den Tieren gegenüber, finden in der Gelassenheit der Pferde ihre Auflösung. Die Unruhe dieses Jahrhunderts kommt in ihnen zur Ruhe. Bei genauer Überlegung erweist sich aber, dass die künstlerische Wahl des Regisseurs tiefer gegriffen hat. Die Pferde im Regen stellen ein Urbild des geistigen Lebens dar. Mit dem Wind und Wetter ertragenden Pferd wird eine wesentliche Schicht unseres eigenen Lebensganges angesprochen. Das Pferd ist Träger eines Gralsgeheimnisses.

Es war Walter Johannes Stein (1891–1957), der in seiner epochalen Studie *Weltgeschichte im Lichte des heiligen Gral. Das neunte Jahrhundert*, als Erster auf dieses Geheimnis hingedeutet hat. Stein hat herausgefunden, dass es in der Gralsgeschichte nicht ohne Bedeutung ist, welche Ritter wann auf welchen Pferden reiten. Diese Entdeckung hat neue Deutungen einer alten Legende ermöglicht. Für diese Deutung steht eine Vielfalt an Fassungen zur Verfügung. Sowohl Chrétien de Troyes als auch Robert de Boron und Albrecht von Scharfenberg haben ihre Version dieser Geschichte verfasst. Die Wiedergabe mit dem breitesten Panorama und der tiefsten Spiritualität ist aber *Parzival*, das Epos von Wolfram von Eschenbach, verfasst am Anfang des 13. Jahrhunderts. In seinem Buch nimmt Stein vor allem auf diesen Text Bezug. Wer Wolfram nach dem schriftlichen Unterricht durch Stein von Neuem liest, wundert sich, es nicht selber gesehen zu haben: Die Pferde nehmen bei ihm tatsächlich die wunderlichsten Schicksalskurven. Details können wichtiger sein als Hauptsachen, und das wichtigste Detail bei Wolfram ist sicherlich die Tatsache, dass die Pferde im Hintergrund der Geschichte mehrmals den Besitzer wechseln. Das mysteriöse Wechselspiel zwischen den beiden Protagonisten Wolframs, Parzival und Gawan, lässt sich ohne diesen Pferdewechsel kaum verstehen. Dies tritt vor allem in den Gawan-Episoden hervor, die sechs lange Kapitel dieses Dichtwerks in Anspruch nehmen. Gawan besitzt zwei Pferde. Das eine heißt Gringuljet, und das andere heißt Ingliart. Die beiden Pferde haben sehr verschiedene Qualitäten. Gringuljet, so lernen wir, ist ein Gralspferd; Ingliart nicht. Erst nach mehrmaligem Lesen und Sinnen kann deutlich werden, was es genau mit diesem Unterschied auf sich hat; vielsagend ist aber zuerst, dass Gawan im Laufe der Geschichte beide Pferde abhandenkommen – einige der wichtigsten Stationen seiner Entwicklung muss er zu Fuß durchmachen. Was mit diesen Pferden in der Zwischenzeit passiert, lässt Wolfram nicht unerwähnt. Gringuljet wird gestohlen durch den Schurken Urjan, der eine Jungfrau vergewaltigt hat und darum im Gralskreis *persona non grata* geworden ist; Ingliart seinerseits wird Gawan während eines Kampfes untreu und wird danach Parzival übergeben, der nicht weiß, wem dieses Pferd angehört hat, und auch nicht, dass es seinen ehemaligen Besitzer im Stich gelassen hat. Diese Tatsache ist erstaunlich. Denn Wolfram zeigt damit fast unbemerkt, in den Zwischenzeilen seiner Erzählung, dass ein Gralspferd von einem reuelosen Verbrecher geritten werden kann, während der werdende Gralskönig ein Pferd bekommt, das des Grals unwürdig ist. Darin verbirgt sich zweifellos ein tiefes Geheimnis, das ergründet werden soll. Mit diesem Ergebnis ist die Geschichte aber selbstverständlich nicht zu Ende. Gawan wird es vergönnt, Gringuljet völlig unerwartet in einem anderen Kampf zurückzugewinnen, und Ingliart stürzt in einen Abgrund, Parzival fast mit sich reißend. Nachdem Parzival – im Gegensatz zu Ingliart – diesen Sturz mit knapper Not überlebt, wird ihm ein neues Pferd geschenkt, das sich schließlich als wahres Gralspferd erweist. Ab jetzt kann Parzival einen geistigen Durchbruch erleben: dieses Pferd, das weiter unbenannt bleibt, wird ihn zu dem Einsiedler Trevrizent führen, der ihm die lang gesuchten Geheimnisse des Grals eröffnen wird.

Diese Schicksalsbegebenheiten, die von Wolfram nur scheinbar gestreift werden, lassen die Frage aufkommen: Was heißt es denn, ein Gralspferd zu reiten? Rudolf Meyer gibt in seinem warmherzigen Gralsbuch eine Antwort auf diese Frage: »Es bedeutet, in seinen Seelenuntergründen einer geistigen Führung folgen zu dürfen, die den Suchenden auf die Spuren zum Geiste hinlenkt, auch wenn es zunächst nur auf instinktive Weise zu geschehen vermag.«[6] Aus dieser Sicht wird erklärlich, weswegen Parzival erst zu Trevrizent gelangen kann, als Ingliart den Tod

6 Rudolf Meyer: *Der Gral und seine Hüter*, Stuttgart 1956, S. 146.

gefunden hat, und es wird auch verständlich, wieso die Ritter in ihrem ringenden Suchen mehr als nur ein Pferd reiten. Zur Gralssuche gehört auch, in die Irre geführt zu werden. Dass sowohl Parzival als auch Gawan ein Pferd reiten, das sie *nicht* zum Gral führen wird, heißt, dass sie in bestimmten Teilen ihrer Entwicklung nicht oder falsch geführt werden. Darin liegt die moderne, nicht die mittelalterliche Qualität ihres Strebens. Wie alle Eingeweihten sind sie ihrer Zeit voraus. Sie müssen damit zurechtkommen, dass nicht alle Wege in der Welt zum Ziel führen. Es gibt Täuschung und Illusion, Zweifel und Verwirrung. In diesem Sinne sagen Ingliart und Gringuljet in ihrem Benehmen nicht nur etwas über sich aus, sondern auch über denjenigen, der sie anspornt. Der Ritter ist kein Kentaur; immerhin wird er sich weitgehend identifizieren müssen mit dem Wesen, das ihn trägt. Diese Identifizierung ist eine Kraftquelle und eine latente Verletzlichkeit zugleich. Dass Ingliart Gawan verlässt, ist für Letzteren eine Enttäuschung. Die muss er verkraften. Aber das Wort Enttäuschung besagt genau das, was es bringt, nämlich Ent-Täuschung, das heißt also: Wahrheit. Damit wird die eigentliche Führung Gawans offenbar. Die Untreue Ingliarts und seine Endbestimmung im Abgrund müssen erlebt und ausgehalten werden. Nur in der Erkenntnis, dass wir auch groß irren können, wird sich ein wahrer Weg auftun.[7]

Wolfram scheint um diese Geheimnisse zu wissen. Die Pferde sprechen bei ihm ihre eigene, verschlüsselte Sprache. Die Vermutung ist darum berechtigt, dass Wolfram mit seinen Strophen etwas geahnt hat von dem tiefen Bezug, der zwischen Mensch und Pferd waltet, und auch davon, wie dieser Bezug geistig zustande kam. Alle Tiere haben ihre okkulte Genese, und vor allem

7 »Wer groß denkt, muss groß irren.« Martin Heidegger: *Aus der Erfahrung des Denkens*, Pfullingen 1954, S. 17.

die des Pferdes ist für die Menschheit sehr bedeutsam gewesen. Rudolf Steiner weist darauf hin, dass die Entstehung jeder Tierart mit einer bestimmten Entwicklungsstufe der Menschheit zusammenhängt. Der Mensch hat sich seinen Fortschritt nur auf Kosten der Tiere leisten können. Alle Eigenschaften, die in der Tierheit zerstreut sind, waren einst im Menschen. Das Tier ist, was der Mensch hat – oder einst gehabt hat. Durch das Heraussetzen des Tierischen sind wir erst zu unserer wahren Menschlichkeit gelangt. Jedem Tier verdanken wir damit etwas, und was wir den Pferden zu verdanken haben, so hören wir, ist die Tatsache, dass wir überhaupt intelligente Wesen werden konnten: »Derjenige, der den Hellseherblick auf die Umwelt richtet, fragt: Welcher Tatsache verdanken wir, dass wir Menschen intelligent geworden sind? Welche Tiergestalt haben wir herausgesetzt, um intelligent zu werden? – So sonderbar, so grotesk es erscheinen mag, so wahr ist es: Wären um uns nicht die Tiere, die repräsentiert sind durch die Pferdenatur, der Mensch hätte sich niemals die Intelligenz aneignen können.«[8] – Diese esoterische Einsicht, die in ihrer Tiefe kaum erfassbar ist, bringt völlig neue Einblicke in den Pferdewechsel, den Wolfram beschreibt. Die Pferdenatur inkarniert kosmische Reste der menschlich gewordenen Intelligenz. Diese Verwandtschaft mit der Intelligenz macht das Pferd anfällig für die Aneignung ihrer Wesenheit durch andere, nicht sinnliche Wesenheiten, die ein gewisses Interesse an diesen Resten haben. Hier bekommt die Geschichte bei Wolfram ihre dunkleren Züge. Denn jetzt wird verständlich, weswegen ein Pferd *auch* im Abgrund enden kann – genau wie der Mensch, von dem es angespornt wird. Gringuljet und Ingliart verdichten zwei Möglichkeiten geistiger Führung. Die eine führt zum Gral; die andere nicht. Wolfram spielt damit fast unverhohlen

---

8 Rudolf Steiner: *Die Apokalypse des Johannes*, GA 104, 4. Vortrag.

auf die Tatsache an, dass es in der Welt eine unterschwellige Führung gibt, die in die Finsternis hineinsteuert. Es gibt nicht nur eine übersinnliche, sondern auch eine untersinnliche Intelligenz; von dieser Intelligenz ist Ingliart der physische Ausdruck, und wir sollten nicht übersehen, dass Gawan und Parzival diese Kraft handhaben. Denn was ist damit gemeint? Wolfram bringt dem detailfreudigen Leser hier zur Kenntnis, dass die Gralssuche nicht nur in den Höhen, sondern auch in den Tiefen ihren Fortgang nimmt. Das ist nicht unbedingt eine unschuldige Angelegenheit. Es wäre ein Missverständnis, zu meinen, die Gralsritter würden nur in die Geheimnisse des Guten eingeweiht. Der Pferdewechsel deutet darauf hin, wer wem und wann dient. Die Ritter dienen nicht immer nur Christus.

Diese unheimliche Wahrheit sollte nicht unterdrückt, sondern akzeptiert und verstanden werden. Dann werden wir nicht nur eine mittelalterliche Dichtung, sondern auch uns selber besser verstehen. Das Licht der Selbsterkenntnis fängt zu leuchten an. Wir beginnen zu ahnen, was wir taten, als wir uns den Pferden annäherten. Denn ein Pferd reiten ist keine kleine Tat. Ein Pferd reiten heißt kosmische Intelligenz verwalten. Das lässt sich sogar kulturhistorisch bestätigen: In dem Moment, wo Menschen angefangen haben, Pferde zu zähmen, haben sie gleichzeitig begonnen, ihre eigene zur Wildheit neigende Intellektualität zu bezwingen.[9] Diese Kulturtat haben wir geleistet, und die Geschichte von vierzig Jahrhunderten legt von dieser Tat Zeugnis ab. Dass wir selber in einer Zeit leben, wo das Pferd vom Automobil abgelöst worden ist, hat so die tiefsten, von uns in der Regel nicht durchschauten Gründe. Dass diese Gründe apokalyptischer Natur sind, kommt im sechsten Kapitel der Offenbarung

9 Sigismund von Gleich: *Marksteine der Kulturgeschichte, I. Teil*, Stuttgart 1963, S. 57 f.

ans Licht, wo bei der Öffnung der ersten vier Siegel, die die okkulten Folgen der ersten vier nachatlantischen Kulturperioden darstellen, von vier Pferden die Rede ist, während ab dem fünften Siegel, dessen Versiegelung in unserer Zeit geschieht, die Pferde aus der Geistesschau des Apokalyptikers verschwinden. Die Pferde haben ihre kosmische Mission offensichtlich erfüllt. Diese Erfüllung ihrer Aufgabe sollte aber nicht darüber hinwegtäuschen, dass das, was mit dem Pferd auf dem Spiel stand – die stufenweise Aneignung der kosmischen Intelligenz –, bis heute wirksam bleibt. Nicht umsonst wurde Motorleistung zunächst in Einheiten der Pferdestärke gemessen. Dass auch in Personenkraftwagen eine verborgene, rücksichtslos ihren eigenen Wegen folgende Intelligenz wirksam ist, darf darum nicht überraschen. Wer bereit ist, die Scheinwerfer der Autos als Augen dieser Intelligenzen hinzunehmen, und wer es wagt, in diese Augen hineinzuschauen, der weiß, welche Potenzierung des Kräftespiels sich in diesen Maschinen zugetragen hat. Die Autos zeigen immer deutlicher feindselige Züge. Ingliart ist aus dem Abgrund als Automobil erstanden. Das fordert eine völlig neue Wachsamkeit, die freilich nicht leicht aufzubringen ist. Eine andere Kulturaufgabe, deren Konturen seit dem 20. Jahrhundert fatal deutlich geworden sind, tut sich da auf. Seit dem Anfang der Moderne – der Zeit, in der Andrej Rubljow gemalt hat – ist die Menschheit dabei, immer stärker mit dem Mysterium des Bösen konfrontiert zu werden.[10] Wir haben anzuerkennen, dass es zwei Strömungen gibt, die uns beide in Anspruch nehmen: eine, die uns in die Finsternis, und eine andere, die uns ins Licht führen möchte.[11] Parzival, der laut Rudolf Steiners Erkenntnissen der fortgeschrittene Mani ist, weiß um diese Strömungen am besten und

---

10 Rudolf Steiner: *Geschichtliche Symptomatologie*, GA 185, 4. Vortrag.

11 Rudolf Steiner: *Die Apokalypse des Johannes*, GA 104, 7. Vortrag.

ist mit Gawan ihr erster Grenzgänger.[12] Er muss beide Wege verinnerlichen. Darum taucht er sogar, am Rande der Gawansgeschichte, in der feindlichen Armee auf – sein rotes Gewand dürfen wir als einen Hinweis darauf nehmen, dass er im Dienste Luzifers steht. Auch Gawan wird, als er das Schloss des schwarzen Magiers Klingsor betritt, die innersten Dunkelheiten des Bösen lebhaft und leibhaft kennenlernen. Ein Gralsritter darf nicht naiv bleiben.

Das Erwachen aus der Naivität, das alle neuen Mysterien begleiten muss, ist ein schockartiges Ereignis, das als solches ungefragt kommt. Einweihungserlebnisse haben ihre lange vorgeburtliche Vorbereitung und können auf Erden nur als Schicksal, als Vorbestimmung erlebt werden. Das meint die Gralssage, wenn sie sagt, dass man zum Gral berufen sein muss: »Kein Mensch kann sich etwas nehmen, wenn es ihm nicht aus dem Himmel gegeben wird« (Joh 3,27). Diese Gnadenwahrheit besagt aber nicht, dass die Gralsgeheimnisse, obwohl sie den Massen verborgen bleiben, nur für die Allerwenigsten ihre Geltung haben sollten. Im Gegenteil. Die Pferde der Gralsgeschichte haben jedem etwas zu sagen, sei er wissend oder unwissend. Das liegt in den Unergründlichkeiten aller Berufung begründet. Denn berufen sind wir alle, wie das Wort schon selber preisgibt, in unserem Beruf. Diese Tatsache ernst zu nehmen fällt uns meistens nicht leicht. Es fordert nicht wenig innere Ehrlichkeit, unter die Oberfläche der eigenen Tagesarbeit zu schauen. Es hat aber bedeutungsschwere Folgen für unser Schicksal, wie wir unser Geld verdienen. In unseren Ämtern waltet eine vorgeformte Intelligenz, der wir zu dienen haben, ob wir wollen oder nicht.[13] Ein

---

12 Rudolf Steiner: *Zur Geschichte und aus den Inhalten der ersten Abteilung der Esoterischen Schule 1904-1914*, GA 264, S. 227-237.

13 Bob Dylan: *You Gotta Serve Somebody*, Slow Train Coming, 1979.

Waffenhändler und eine Krankenschwester reiten wahrlich nicht auf dem gleichen Pferd. Wir alle sind zu etwas berufen, und in dem Sinne wird uns allen entweder ein Gringuljet oder ein Ingliart untergeschoben. Manchmal besitzen wir kein Pferd (der peinliche Fußweg des mittelalterlichen Gralsritters kommt als Arbeitslosigkeit zurück), und manchmal sollten wir vielleicht den Mut aufbringen, das Pferd zu wechseln. Vergessen wir auch nicht, dass laut Wolfram ein Verbrecher einen Gringuljet reiten kann und ein Gralsritter einen Ingliart. Wie dem auch sei, diese Frage könnte jeder sich in stillen Stunden einmal vorlegen: Weiß ich denn wirklich, auf welchem Pferd ich gerade reite? Das wäre eine zeitgemäße Gralsfrage, zumindest sich selber gegenüber. Welche geistige Strömung hat mich am stärksten im Griff? Verfeinert sich mein Gespür für das, was ich vorantreibe, indem es mich führt?

2 Der Stein im Zeichen der Wiederkunft

Was ist das – der Gral? Mit dieser Frage rühren wir an das Herz der christlichen Mysterien, und es bedeutet viel, dass weder Wolfram von Eschenbach noch Chrétien de Troyes in ihren lyrischen Erläuterungen eine klare Antwort auf sie geben. Sie gehen im Gegenteil davon aus, dass ohne Weiteres deutlich sein soll, was mit diesem geheimnisvollen Ding, das Gral genannt wird, gemeint sei. Als Parzival die Burg Munsalvaesche betritt, wo der verwundete Amfortas seine Qualen leidet, wird ihm von Repanse de Schoye ein himmlisches Rätsel vorgeführt, das seinesgleichen auf Erden nicht haben soll; und ohne dass uns oder dem Ritter irgendwelche Erklärung gegeben wird, schreitet die Geschichte danach fort, man würde fast sagen: als ob nichts passiert sei. Der Gral kommt, und geht. Er wird gezeigt, und wieder zurückgenommen.[14] Noch bevor wir das Geringste verstanden haben von dem, was gerade vorgegangen ist, werden wir wieder allein gelassen. Verwirrt und ohne Verständnis verlassen wir mit Parzival die Gralsburg. Der Ort, an dem die tiefsten Geheimnisse gehütet werden, hat seine Mysterien verborgen gehalten, gerade indem er sie geoffenbart hat.

Diese Tatsache ist verblüffend. Eine Tür hat sich geöffnet, nur um eine weitere Tür verschlossen zu halten. Wieso werden wir ausgeladen, indem wir eingeladen wurden? Welches Geistesspiel wird hier getrieben? Berechtigt, wie diese Fragen auch sein mögen, nach längerem Sinnen und Trachten wird doch deutlich werden, dass der Gral nicht anders eingeführt werden kann als genau auf diese Art. Das Gralsgeschehen kann nur vorgeführt

---

14 Wolfram von Eschenbach: *Parzival*, 5. Abenteuer, 235.

werden als eine unergründliche Evidenz, die unmittelbar in Staunen versetzt. Wie sollte es anders sein? Ein Mysterium, das sich selbst erklärt, wird seinem Namen nicht gerecht. Wieso sollen uns irgendwelche Lektionen aufgegeben werden? Wer Ohren hat, zu hören, der höre; wer nicht hören kann, der bleibe taub. Der Gral fordert auf, selber zu denken und selber zu ergründen. Das ist der Grund, weswegen auch Trevrizent, der eingeweihte Bruder des Amfortas, mit seinem Unterricht mehr Fragen als Antworten aufwirft. In dem entscheidenden Karfreitagsgespräch, das er mit Parzival führt, erzählt er dem jungen Ritter über den Gral. Er sagt, dass der Gral ein lebenspendender Stein ist, dessen Kraft darin besteht, aus dem Tode Leben zu gebären: »Durch die Kraft dieses Steines verbrennt der Phönix, damit er zu Asche wird. Die Asche gebiert ihm aber neues Leben.«[15] – Wird mit diesen Worten Trevrizents das Ganze verständlich? Leuchtet jetzt alles ein? Und wie sollen wir, Jahrhunderte später, verstehen, dass bei Chrétien de Troyes der Gral nicht als Stein, wie bei Wolfram, sondern als Gefäß, als Schale erscheint?[16] Welches Spannungsfeld tritt hier hervor? Der Gral wird seine Schüler lehren, dass nur in Widerspruch und Unfassbarkeit die wahre Wirklichkeit zu finden ist: der Gegensatz, der sich auftut zwischen der französischen und der deutschen Fassung der Geschichte, zwischen Schale und Stein, zwischen konkav und konvex, wird sich als das wichtigste Rätsel im Gralslabyrinth erweisen. Diese Frage wird nicht nur den Rittern des neunten Jahrhunderts, sondern vor allem uns Hermeneutikern eines späteren Gralsgeschlechtes als Denkaufgabe vorgelegt: Was bedeutet es, dass der Gral sowohl wie ein Stein in sich verschlossen als auch wie ein Gefäß in sich geöffnet vorgestellt wird? Welcher lebendige Stein hat die

---

15 Wolfram von Eschenbach: *Parzival*, 9. Abenteuer, 469.

16 Chrétien des Troyes: *Perceval der Gralskönig*, Stuttgart 1964, S. 66.

Kraft, sowohl anstößig als auch empfangend zu sein, einer Schale gleich?

Das Bild des Steines ist in der christlichen Überlieferung keine mittelalterliche Erfindung. Das erste Mal, wo der Stein eindeutig als esoterische Metapher verwendet wird, ist zugleich die wichtigste Stelle für ein Verständnis dessen, was der Gral ist. Es ist Jesus Christus selber, der dieses Bild verwendet, indem er Simon Petrus im Gebiet von Caesarea Philippi sagt, dass auf dem Stein der Erkenntnis die Gemeinschaft der Christen gegründet werden soll: »Du bist Petrus, und auf diesem Felsen werde ich meine Gemeinde erbauen, und die Tore der Unterwelt sollen sie nicht überwältigen« (Mt 16,18).[17] Petrus hat Christus gesehen, hat ihn erspürt und erfasst, und diese intime Gewissheit wird zum Grundstein aller christlichen Gemeindebildung. Wer mit Petrus Christus erkennend erlebt, baut am Tempel der Christengemeinschaft. Es ist daher auch Petrus selber, der in seinem ersten Brief das Bild des Steines aufgreift, um sowohl die christliche Gemeinde als auch ihren Herrn geistig zu betrachten: »Tretet heran zu Ihm, ›dem lebenden Stein‹, von Menschen verworfen, bei Gott aber ›auserwählt und kostbar‹. Und lasst euch selbst als lebende Steine zu einem geistigen Haus auferbauen, bestimmt für einen heiligen Priesterdienst, zur Darbringung geistiger Opfer« (1 Petr 2,4-5). Wenn Rudolf Steiner schreibt, dass seine Geheimwissenschaft eine Gralserkenntnis darstellt,[18] die als Grundstein meditativ in Erscheinung tritt,[19] bewegt er sich so in einer rein petrinischen Spur, die nur auf Grund eines falschen Verständnisses zum Machtinstrument Roms werden konnte. Der

17 Wenn nicht anders angegeben, werden Bibelstellen aus dem Neuen Testament nach der Übersetzung von Heinrich Ogilvie, Stuttgart 1996, zitiert.

18 Rudolf Steiner: *Die Geheimwissenschaft im Umriss*, GA 13, S. 406 f.

19 Rudolf Steiner: *Die Grundsteinlegung der Allgemeinen Anthroposophischen Gesellschaft 1923/24*, Dornach 1986.

Gral ist eine Erfahrung: er ist die Empfindung der fortwährenden Gegenwart Christi, ein Wissen um sein segnendes Walten, das »in innerster ernstester Erkenntnis-Feier« nachvollzogen werden soll.[20] Diese Erkenntnistat soll trotz aller Sanftmut und Demut stark in sich ruhen, die Stürme der Welt wie ein Stein überdauernd.

Was dieser Stein der übersinnlichen Erkenntnis mit einer Schale zu tun hat, kann nur klar werden, wenn die Welt als mehrfach verdoppelt begriffen wird und die Wiederkunft Christi aus dieser Sicht zum Erlebnis geworden ist. Die Anerkennung der Vielfalt aller Weltlichkeit ist der Anfangspunkt jedes Okkultismus. Das Wirken Christi ist nur zu verfolgen, wenn eingesehen und erfahren wird, wie verschiedene Welten einander gegenseitig durchdringen: Wir werden vertraut gemacht nicht nur mit der physischen, sondern auch mit einer ätherischen und einer astralen Welt. Die Ätherwelt beinhaltet die Sammlung alles Lebendigen; die astrale Welt ist der geistige Ort aller Empfindungen. Nur aus diesen übersinnlichen Welten heraus lassen sich die Mysterien der Wiederkunft verstehen. Dabei ist es wichtig, ins Auge zu fassen, dass die Wiederkunft kein einmaliges, singuläres Ereignis ist. Sie ist vielmehr ein fortwirkendes, sich ständig in die Geschichte inkorporierendes Geschehen. Es gibt nicht nur eine Wiederkunft, es gibt mehrere. Dabei ist der Begriff ›Wiederkunft‹ selbst schon ein wenig verwirrend, weil er eine vorhergehende Abwesenheit impliziert und damit ein nicht eingelöstes Versprechen suggeriert: »Und siehe, Ich bin bei euch alle Tage bis zur Vollendung der Erdenzeit« (Mt 28,20). Es ist darum besser, die Wiederkunft zu verstehen als eine stufenweise sich steigernde Anwesenheit des Christus, was weiterhin in Einklang mit dem Ursprung des Wortes ›Gral‹ stehen würde, das sich herleiten lässt

20 Rudolf Steiner: *Mein Lebensgang*, 26. Kapitel.

von *gradalis*, was graduell, stufenweise bedeutet. Die sogenannte Wiederkunft ist das fortschreitende Einleben einer Gottheit in die Schicksale der Erde. Schrittweise kommt sie uns näher.

Die erste ›Wiederkunft‹ in diesem Sinne geschieht schon in den drei Tagen des Mysteriums von Golgatha, und zwar mit der Auferstehung. Maria Magdalena ist die erste Zeugin dieser gesteigerten Anwesenheit; nach ihr wird sie auch den Jüngern anvertraut (Joh 20, 11-23). Die Auferstehung zu begreifen ist eine Zumutung - auch für ein Denken, dass schon dabei ist, sich zu vergeistigen. Immerhin liegt in dieser Zumutung der Kern des christlichen Glaubens: »Ist aber Christus nicht auferweckt, so ist unsere Verkündigung leerer Wahn und leerer Wahn auch euer Glaube« (1 Kor 15,14). Alles entscheidend für ein Verständnis dieser nachtodlichen lebendigen Leiblichkeit des Christus ist, dass es sich hier um Mysterien der Form handelt. Der Auferstehungsleib ist ein Formkräftekorrelat. Rudolf Steiner weist darauf hin, dass wir nur verstehen können, was das bedeutet, wenn wir lernen, das Physische von dem Materiellen zu unterscheiden.[21] Hier fängt die Zumutung für das Denken schon an, denn dies zu überlegen, tritt allem entgegen, was wir mittlerweile als logisch empfinden. Immerhin steht die philosophische Unterscheidung, die das Physische von dem Materiellen trennt, in einer alten und ehrwürdigen Tradition. Rudolf Steiner greift mit ihr zurück auf ein Begriffspaar, das er als denkende Individualität schon mehrere Jahrhunderte persönlich verwaltet: die aristotelische Metaphysik hängt an dem Unterschied zwischen Form und Stoff. Wenn wir einsehen, dass die Form einer Statue etwas Physisches ist (was denn sonst) und der Stoff dieser Statue, der Marmor, etwas Materielles (was denn sonst), wird Steiners Anliegen sofort viel deutlicher: Das Physische wird von dem Materiellen richtig

21 Rudolf Steiner: *Von Jesus zu Christus*, GA 131, 6. Vortrag.

ausgefüllt, wird durch diesen materiellen Inhalt erst sinnlich sichtbar; ist aber nicht identisch mit ihm. Es gibt auch Formen, die ohne Stoff auskommen: Platon hat diese Formen »Ideen« genannt. Der Vergleich, der am besten passen würde, um diesen Gedanken Platons zu deuten, wäre der mit einem Glas. Das Glas ist eine Form, die in sich durchsichtig ist. Wenn das Glas mit Wein gefüllt wird, erscheinen die Konturen des Glases um so klarer. Das Glas ist die Form, das Physische; der Wein ist der Stoff, das Materielle. Ein Glas kann selbstverständlich leer bleiben. Die platonische Idee ist eine leere Form, unberührt vom Materiellen. Mit dem altgriechischen Gedanken im Blick, dass Formen Ideen sind, die entweder materiell (Aristoteles) oder immateriell (Platon) in Erscheinung treten können, kann so deutlich werden, was Rudolf Steiner meint, wenn er sagt, dass der Auferstehungsleib ein »Phantom« ist, das heißt ein sinnlich-übersinnliches Formgewebe, das sich physisch darstellt, ohne sich voll zu materialisieren: »Wie der plastische Künstler keine Statue zustande bringt, wenn er Marmor oder irgendetwas anderes nimmt und wüst darauf losschlägt, dass einzelne Stücke abspringen, wie sie der Stoff eben abspringen lässt; sondern wie der plastische Künstler den Gedanken haben muss, den er dem Stoffe einprägt, so ist auch für den Menschenleib der Gedanke vorhanden; aber nicht so vorhanden, da das Material des Menschenleibes kein Marmor oder Gips ist, wie derjenige des Künstlers, sondern als der reale Gedanke in der Außenwelt: als Phantom.«[22] Der Leib, der sich aus dem Grabe in Jerusalem erhebt, ist eine physische Form, die als realer Gedanke in der Außenwelt lebt: ein »Phantom«. Ein tiefes Wort, das unser Erfassungsvermögen gewiss auf die Probe stellt, das aber zugleich endlich, nach zweitausend Jahren, eine allererste Möglichkeit bietet, nicht nur an die Auferstehung zu

---

22 Rudolf Steiner: *Von Jesus zu Christus*, GA 131, 6. Vortrag.

glauben, sondern sie auch denkerisch nachzuvollziehen. Denn was wird hier gesagt? Wir lernen, dass dasjenige, was aus dem Grabe aufersteht, ein Gedanke ist – aristotelisch gesprochen eine lebendige, in der Außenwelt vorhandene Idee: eine Form, die auskommt ohne gefallene, irdisch materielle Substanz. Wer aber, so muss die nächste Frage sein, *denkt* denn diese reine Form, diesen auf himmlische Art Leib gewordenen Gedanke? Wem gehört diese Idee zu? Auf diese Frage geht Rudolf Steiner nicht ein. Auch hier gilt: Der Gral fordert auf, selbst zu denken und selbst zu ergründen.

Das Rätsel, wer denkerisch an der Auferstehung beteiligt war, kann nur meditativ gelöst werden, und es ist nicht zufällig in der Grundsteinmeditation Rudolf Steiners, dieser Gralsburg des 20. Jahrhunderts, dass uns diesbezüglich ein Weg gewiesen wird. In seinem trinitarischen Schauen, Besinnen und Erinnern weist dieser Stein der Erkenntnis darauf hin, dass Christus als Sohnesgott in der zweiten Hierarchie beheimatet ist, bei den Geistern der Form, den Geistern der Bewegung und den Geistern der Weisheit; bei den *Exousiai, Dynameis* und *Kyriotetes*. Das griechische *exousiázo* bedeutet »Macht ausüben«; das Wort trägt weiter ein Kernwort der aristotelischen Metaphysik in sich, *ousia*, das von den Scholastikern mit »Substanz« übersetzt wurde; Paulus seinerseits nennt die Wiederkunft die Parousie. Die Umrisse einer Antwort auf die Frage, von wem der Auferstehungsleib gedacht wird, werden damit deutlich. Die Geister der Form verfügen über die Macht, ihre Formen der Materie einzuprägen. Formen sind Ideen, die von den *Exousiai* gedacht werden: Aus der Hierarchie der Geister der Form erringt Christus sich die Kraft, das Urbild des Menschenleibes neu zu errichten. Aus ihr schöpft er die Substanz seiner Wiederkunft.

Diese geistige Tatsache wird erst voll ersichtlich, wenn ich einsehe und in Erfahrung bringe, dass Gedanken Wirklichkeiten sind, *Wesenheiten*, die, einmal hervorgerufen, als solche auch Bestand haben. Wenn ich etwas denke, ist das nicht nur eine subjektive Angelegenheit. Meine Gedanken sind, obwohl sie immateriell sind, auch objektiv in der Welt anwesend. Sie erscheinen als Form zwar nicht in der physischen Welt, aber sicherlich doch in der Welt, die hautnah an die physische Welt angrenzt, das heißt in der Ätherwelt. So ergeht es auch dem realen Gedanken des Auferstehungsleibes. Die Geister der Form ringen am Karfreitag mit Christus, sie ringen mit ihm um ein Gebilde, das sie denkerisch, im lebendigen Kampf mit finsteren Mächten, hervorbringen möchten; sie gewinnen diesen Streit, und so kann den Jüngern zu Ostern eine Gestalt erscheinen, die zwar physisch ist – das heißt Formkraft besitzt –, aber trotzdem nicht der materiellen Welt angehört. Die erste Wiederkunft, die erste Parousie, die erste gesteigerte Anwesenheit des Christus ist eine physische Erscheinung nicht in der materiellen Welt, sondern in der Ätherwelt. Es ist dort, in dieser Sammlung alles Lebendigen, wo Jesus von seinen Geliebten wahrgenommen wird.[23]

Diese Einsicht in das Auferstehungswunder, die das Physische dieses Geschehens nicht in der materiellen, sondern in der ätherischen Welt sucht, ermöglicht tiefere Einblicke in das kosmische Drama, das mit der zweiten Wiederkunft, der zweiten Parousie verbunden ist. Es kann deutlich werden, dass, indem die Auferstehung ein physisches Ereignis in der Ätherwelt war, die moderne Wiederkunft ein ätherisches Ereignis in der Astralwelt ist. Hier gilt es, sauber einzuordnen und zu empfinden. Die

23 Das Evangelium weist zart, aber deutlich auf die Ätherwelt hin, indem es sagt, dass Jesus nicht durch eine materielle Tür hereinkommt, wenn er als Auferstandener den Jüngern erscheint (Joh 20,19 und 20,26).

Auferstehung wird vollzogen aus dem Machtbereich der Geister der Form heraus: Wenn die *Exousiai* denken, entstehen Phantome. Die ätherische Wiederkunft ihrerseits ist ein Geschick, das sich vollzieht aus den Geistern der Bewegung heraus: Wenn die *Dynameis* wollen, entsteht Apokalypse. Es ist hier, in dieser nächsten Wiederkunft, die sich nicht physisch, sondern ätherisch ereignet, dass die Mysterien der Gralsschale erst wahrlich aufgehen.

3 Die Schale im Zeichen der Wiederkunft

Es gibt kleine Bewegungen in der Welt, und große. Es gibt stille Bewegungen, und laute. Nicht alle stillen Bewegungen sind klein und nicht alle lauten groß. Dass die größten Bewegungen sogar die stillsten sein können, wird bemerkbar, wenn die Welt aus dem Bann ihrer Eindeutigkeit befreit wird und wir einsehen, dass und wie verschiedene Welten einander zart durchdringen. In der physischen Welt ruht und tobt eine ätherische und eine astrale Welt. Erst aus dieser mehrfach verdoppelten Wirklichkeit heraus werden die Mysterien der Wiederkunft erlebbar. Diese Mysterien sind ohne Ausnahme Geheimnisse der Verbergung und Enthüllung. Sie zeigen sich, indem sie sich verdecken. Sie öffnen Tore, um weitere verschlossen zu halten. Erscheint nicht der Auferstandene seinen Jüngern bei verriegelten Türen? Immerhin sollen wir uns bemühen, zumindest die geistigen Sphären zu betreten, die es uns zugestehen: so fordert uns der Gral.

Auf dem Wege zu einem Verständnis der neuen Mysterien sind die Worte des erneuerten Kultus, wie er in der Christengemeinschaft täglich gefeiert wird, eine unschätzbare Hilfe. In der Weihnachtsepistel hören wir, dass durch Christus der Vatergrund alles Seins offenbar geworden ist. Was wird uns damit angesagt? Kann dieses Wort, von dem weiter gesagt wird, dass wir dessen Inhalt *erkennen* sollen, uns zur Pforte werden? Der Versuch, diese Öffnung zu finden, kann nur gelingen, wenn wir Gott und Welt als kongruent erleben. Was das konkret beinhaltet, wird deutlich, wenn wir Vater, Sohn und Heiligen Geist als Trinität im Menschenwesen wiedererkennen, nämlich in Leib, Seele und Geist. Ein beseelter Leib ist aus dieser Sicht eine von

Sohneskräften durchzogene Vaterkraft. Auch das Umgekehrte zu behaupten ist damit berechtigt. Wenn der Sohn den Vatergrund alles Seins offenbart, wird von einer beseelten Gottheit eine kosmische Leiblichkeit enthüllt, das heißt, griechisch gesprochen, apokalyptisch gemacht. Diese Tatsache sollten wir nicht leichtnehmen. Mit ihr erweitert sich unser Bild des Vatergottes maßgeblich und damit auch unser Verständnis der Wiederkunft. Denn es wird uns deutlich, dass die Weltenleiblichkeit dreifach aufgebaut ist: Es gibt einen physischen, einen ätherischen und einen astralen Weltengrund, und Christus offenbart diese Dreifaltigkeit stufenweise durch den geschichtlichen Prozess hindurch. Am Kreuze enthüllt er den Weltzustand des physischen Leibes, indem er leidend zeigt, wie sehr der Vatergott in den Sündenfall hineingezogen worden ist. Der gefolterte Leib am Kreuz stellt die Verzerrung einer ganzen Welt dar: »Wir wissen, dass die ganze Schöpfung seufzt in Schmerzen der Neugeburt bis auf den heutigen Tag« (Röm 8,22-23). Die Aussage in der Menschenweihehandlung,[24] dass der Vatergott in allem ist, was wir sind, bedeutet nicht zuletzt, dass in unsere schwachen, von Sündenkrankheit durchzogenen Leiber auch der Grund des Seins selber involviert ist. In den leiblichen Sturz des Menschenwesens ist der Vatergott voll einbezogen. Wer vor dieser Tatsache nicht zurückschreckt, kann anfangen, die Osterereignisse in ihrer trinitarischen Tiefe zu erfassen. Das Mysterium von Golgatha, diese Götterangelegenheit, die sich in und an uns vollzogen hat, ist nicht nur für Menschen von Bedeutung. Auch der Vatergott wird in diesem Geschehen verwandelt. Erst diese Verwandlung des Väterlichen und ihre Apokalyptik ermöglicht die Genesung menschlicher Leiber. Mit der Auferstehung legt Christus den Grund dafür, dass durch seine Lebens-Todestat für uns alle

24 Die erneuerte Messe in der Christengemeinschaft.

die Möglichkeit gegeben ist, eine wiederhergestellte Vaterkraft zu ergreifen: »Denn es muss, was jetzt verweslich ist, sich bekleiden mit Unverweslichem, und was jetzt sterblich ist, muss sich bekleiden mit unsterblichem Wesen« (1 Kor 15,53). Was sich am Ostersonntag aus dem Grab erhebt, ist ein verwandelter Leib, eine physische Substanz, die nicht länger den Kräften des Todes ausgesetzt ist. Das hat Bedeutung nicht nur für unsere Welt. In dem Formkräftekorrelat, das in Jerusalem neu geschaffen worden ist, wird nicht nur die Menschheit geheilt, sondern wird zugleich die physische Verfassung des Vaters restauriert. Christus offenbart mit der Auferstehung die Heilung eines Seinsgrundes, der an der eigenen Schöpfung erkrankt war. Durch ihn wird ein neu errichteter Weltenleib hervorgebracht. Diese wieder in Ordnung gebrachte Leiblichkeit, in der sich ein gesund gemachter Vatergott enthüllt, kann jeder anziehen, der sich innerlich mit dem Auferstehungsgeschehen verbindet. In dieser graduellen Übertragung findet die Auferstehung ihren eigentlichen Sinn. In ihr vollzieht Christus seine erste Wiederkunft.

Die zweite Wiederkunft offenbart nicht die physische Weltenleiblichkeit des Vaters, sondern seine ätherische. Wurde in Palästina der somatische Boden der Wirklichkeit enthüllt und geheilt, so wird in den neuen Mysterien, die in der Moderne aufgehen, die ätherische Grundlage des Seins manifest. Damit verlagert sich die Apokalypse. Sie wird global. Die Mysterien der Form werden Mysterien der Bewegung: Indem sich die Ätherwelt öffnet, entfalten sich radikal neue Dimensionen der Kinetik. Vor allem in der rasanten Entwicklung der Technik wird dies handgreiflich. Eisenbahn, Auto und Flugzeug bringen eine enorme Beschleunigung der Verhältnisse, die sich über die ganze Welt ausdehnt. Die Rastlosigkeit wird zur Norm. Diese bahnbrechende Dynamik, die sich unaufhaltsam Geltung verschafft, ist nur in zweiter Linie ein Produkt der Ingenieure und Erfinder. An den fast zauberischen Kommunikationsmöglichkeiten, die sich in den letzten hundert Jahren aufgetan haben, ist das am deutlichsten zu bemerken. Rundfunk, Kino, Fernsehen und vorgerückte Digitalisierung sind nur möglich in einer Welt, in der sich die Schleusen der Ätherwelt voll geöffnet haben. Die fortgeschrittene Moderne hebt die schier endlose Multiplikation der Bilder und Klänge hervor. Nur was einer technischen Fixierung entgeht, wird lokal bleiben können. In diesem nicht ablassenden Mediensturm, der immer neue Arten der Überwältigung zu finden scheint, ist leicht zu übersehen, dass die Eröffnung der Ätherwelt in keiner Weise ein von Menschen gesteuertes Geschick ist. Die digitalen Wunder, die uns umgeben, sind nur Wellen an der Oberfläche, Begleiterscheinungen eines tieferen Ereignisses, das sich verbirgt, indem es sich zeigt: nämlich das Offenbarwerden des väterlichen Weltengrundes in seiner ätherischen Schicht. Diese Apokalypse wird von Christus vollzogen aus den Geistern der Bewegung heraus. Mit ihr werden die Gefahren und Chancen der Moderne für jeden Zeitgenossen zum Schicksal.

Dass die Mysterien der ätherischen Wiederkunft Christi Geheimnisse der Bewegung beinhalten, wird auch daraus ersichtlich, dass sie sich nur demjenigen erschließen, der sich innerlich aufrafft. Wer die Dynamik Christi in unserer Zeit nicht verpassen will, muss tätig werden. Die Aneignung des neu errungenen Phantomleibes wird dabei zum Eckstein des meditativen Lebens. Was Paulus als Erster eingesehen und gelehrt hat – die mystische Tatsache, dass die Kräfte der Auferstehung jedem zugänglich sind, der sich mit ihnen verbindet –, wird zweitausend Jahre später zur Bedingung eines höheren geistigen Erlebens. Wer sich die Formkraft des Auferstehungsleibes nicht zu eigen macht, wer sich nicht darauf einlässt, »Verwesliches« mit »Unverweslichem« zu bekleiden, wird auch keine Möglichkeit haben, die segnenden Taten Christi weiter zu verfolgen. Das wiederhergestellte und individuell angezogene Phantom ist das Auge, wodurch wir in andere Welten hineinschauen können – andere Welten freilich, das sollen wir nicht aufhören zu betonen, die sich in unserer vertrauten physischen Welt befinden. Für die Zeitlage hat das weitgehende Folgen. Wer die eigene Spiritualität nicht in Bewegung bringt, wird die Apokalypse nur erleiden können und im schlimmsten Falle ihr Opfer werden. Wer das innere Leben dagegen erhebt und mit den Seelenaugen Ausschau hält, wird die Offenbarungsdynamik des dritten Jahrtausends nicht über sich ergehen lassen, sondern sie tätig hervorbringen. Die Welt wird ihm ihre Unergründlichkeit zeigen. Die Mysterien hören auf, bedrohlich zu sein, und werden feierlich. Ein großes Staunen setzt ein.

Auf dieses Staunen weist das Evangelium hin, wenn es behauptet, dass Christus in den Wolken erscheinen wird. Es ist nicht umsonst in der Adventszeit, diesem großen Fest des Kommenden, dass wir diese Stelle wochenlang am Altar hören: »Denn die Kräfte der Himmelssphären werden erschüttert werden. Dann wird der Menschensohn den schauenden Seelen erscheinen im Wolkensein mit mächtiger Bewegung und vielfältiger Offenbarung. Wenn dieses Werden beginnt, dann richtet euch auf und erhebt eure Häupter, denn es naht eure Erlösung« (Lk 21,27-28). Was das Lukasevangelium hier kundtut, beschränkt sich nicht auf Zukünftiges, zumindest nicht von unserer Zeit aus betrachtet. Dass der Menschensohn in den Wolken erscheint, deutet hin auf eine Entschleierung, in der wir mittendrin stehen. Dass die mächtigen Bewegungen des Christus und die Vielfalt seiner Offenbarung nicht wahrgenommen werden, spricht nicht gegen sie, sondern gegen unser Wahrnehmungsvermögen. Prophezeiungen gehen in Erfüllung, auch für Blinde. Was auf dem Spiel steht, wird damit umso deutlicher. Die Vitalisierung der eigenen Bildekräfte wird in der Moderne zur Lebensnotwendigkeit. Kontemplation ist seit dem 20. Jahrhundert kein Philosophenluxus mehr, sondern wird Teil einer Überlebensstrategie. Ohne geistige Offenheit keine Grundlage für ein Adventserlebnis und ohne dieses Erlebnis kein sicheres Zuhause in der Welt. Diese Wahrheit will, wie jede andere Wahrheit, ernst genommen werden. Besagt sie doch, dass die Umwandlung unseres Leibes erst die Höhe ihres Ziels erreicht, indem unsere Seelenaugen sich in einer »unverweslichen« Leiblichkeit entfalten, und dass der Lauf der Welt davon abhängt, ob wir unsere Leiblichkeit tatsächlich so weit bringen, oder halt nicht. Was es heißt, *sich Mühe zu geben*, bekommt hier eine ganz neue Bedeutung. Denn die Unverweslichkeit des Physischen in uns, die das geistige Schauen erst ermöglicht, wird uns nicht ohne Anstrengung einverleibt. Sie wird nur unser Eigentum, indem wir uns darauf einlassen, die Auferstehung auf unsere eigene Leiblichkeit zu übertragen, was seinerseits nur geschehen kann, wenn wir bereit sind, uns eine göttliche Formkraft persönlich und tätig anzueignen. Vieles spricht darum dafür, dass die Lehren des Paulus erst heute in ihrem Ureigenen ankommen. Denn ab jetzt kommt es mehr als je zuvor darauf an, das Auge des neu angeeigneten Phantoms einzusetzen, um einen der anderen Bereiche zu erspähen, die sich im Sichtbaren verbergen. Haben wir die Wolken schon wirklich gesehen? Kennen wir ihren eigentlichen Gehalt? Haben wir erkannt, dass sie der physische Ausdruck der sich in unserer Welt befindenden Astralwelt sind? Die Elemente bekommen erst ihre wahre Tiefe, wenn dies eingesehen und erlebt worden ist. Ist das der Fall, dann werden Erde, Wasser und Luft zum gelebten Merkmal des väterlichen Weltengrundes. Mit dieser wörtlich zu nehmenden elementaren Esoterik wird das Rätsel des göttlichen Wohnens unter Menschen begrifflich fassbar. War die erste Wiederkunft Christi, das heißt seine Auferstehung, ein physisches Ereignis in der Ätherwelt und damit ein Apokalyptischwerden des physischen Weltengrundes, so ist seine zweite Wiederkunft ein ätherisches Ereignis in der Astralwelt und damit ein Offenbarwerden des ätherischen Weltengrundes. So offenbart Christus durch die Jahrhunderte hindurch den Vatergrund alles Seins, immer neu, und immer tiefer.

In der Seelenwelt, die sich in den Wolken manifestiert wie die Ätherwelt im Wasser, ist Christus derzeit so am stärksten aufzuspüren. Er ist die Luft der Welt. Nur ein seidener, fast durchsichtiger Vorhang trennt uns von ihm. In Weltenräumen, die unmittelbar an die physische Welt grenzen, vollzieht er seine Taten und Leiden. Seine Gegenwart lässt er jeden fühlen, der sich für sie öffnet. Die lebendige Beziehung zur Auferstehung wird damit eine Voraussetzung dafür, die ätherische Wiederkunft des Christus sinnend zu erleben und in der Apokalypse standzuhalten: »Während die Menschen früher, da der Christus im physischen Leibe herniederkam zur Erde, ihn nicht hätten wahrnehmen können anders als im physischen Leibe, erwachen in unserem Zeitalter tatsächlich die Kräfte, die schauen werden den Christus nicht in seinem physischen Leibe, wohl aber in einer Gestalt, die als eine ätherische auf dem Astralplan existieren wird. So wird schon in unserem Jahrhundert von den dreißiger Jahren ab und immer mehr bis zur Mitte des Jahrhunderts eine große Anzahl Menschen den Christus als ätherische Gestalt wahrnehmen. Das wird der große Fortschritt sein gegenüber dem früheren Zeitalter, wo die Menschen noch nicht reif waren, ihn so zu schauen. Das ist auch gemeint damit, dass gesagt wird: Christus wird erscheinen in den Wolken – denn damit ist gemeint, dass er als ätherische Gestalt auf dem Astralplan erscheinen wird.«[25]

Die Begriffe der Geisteswissenschaft geben uns die Möglichkeit, das jetzige Walten des Christus verstandesmäßig zu verstehen und als solches in unser Bewusstsein zu heben. Damit ist die Gegenwart seines göttlichen Wesens aber noch nicht in die Erfahrung gebracht. Ein Wissen, das nur intellektuell bleibt, bringt für geistige Angelegenheiten nichts. Anthroposophische Wahrheiten werden Gerede, wenn sie nicht lebendig erfasst werden. Darin soll keine Polemik liegen. Das liegt in der Sache begründet. Es kann manchem schwer, vielleicht sogar unmöglich erscheinen, die höheren Welten zu betreten. Das wäre aber zu kurz gedacht. Dass Christus als ätherische Gestalt in der Astralwelt zu finden ist, heißt nicht, dass die Begegnung mit ihm das Alleinrecht des Eingeweihten ist. Es kommt nur darauf an, unsere Empfindungen geistig zu gestalten und sie dann ernst zu nehmen. Dabei ist das Wichtigste die Kultivierung der richtigen Stimmung. Ätherwelt und Astralwelt sind uns nicht fern, sondern nah. Sie sind in und um uns, und zwar ständig. Jedes Gefühl, jede Aufmerksamkeit, jede Sanftheit, die in der Natur oder von uns aufgebracht wird, trägt schon eine Affinität zu diesen Welten in sich. Wir sollen anerkennen, dass wir geschichtete Wesen in einer geschichteten Wirklichkeit sind. Öffnen wir uns derart, dann werden Luft und Wolken uns anders erscheinen. Die Welt wird erwachen. Regen wird anders fallen und Wind anders wehen. Die Erkenntnis formt uns um. Unser ganzes Wesen wird zu einer Schale, die sich in Lauterkeit emporhebt. Das Geisteswort ertönt und findet im Gefäß der Seele seinen Widerhall: »Ein

---

25 Rudolf Steiner: *Das esoterische Christentum und die geistige Führung der Menschheit*, GA 130, S. 117.

Echo zu sein, ist das Leiden des Denkens.«[26] Eine heitere Anwesenheit wird vernehmbar. Wir fügen uns ein in den Reigen des Weltgeschehens, und eine große Bewegung hüllt uns ein. Unser Ohr lauscht. Wir hören auf das Sein und beginnen zu ahnen, was das ist – der Gral.

26 Martin Heidegger: *Einblick in das was ist*, GA Bd. 79, Frankfurt/Main 1994, S. 66.

4 Schastel marveile und andere dunkle Schlösser

Die Gralsgeschichte lebt aus einer Dualität von zwei Burgen. In beiden Burgen wohnt ein verwundeter König. In Munsalvaesche, der Burg des Lichtes, sehnt Amfortas sich leidend nach seiner Genesung; in Schastel marveile, der Burg der Finsternis, tobt der entmannte Magier Klingsor. Es ist die Aufgabe der Gralsritter, mit diesen zwei Schlössern und dem, was von ihnen ausgeht, zurechtzukommen. Wolfram von Eschenbach lässt uns miterleben, wie die Ritter diese Burgen betreten. Sowohl Gawan als auch Parzival müssen bei Amfortas und Klingsor ihre Geistesprüfungen bestehen. Wolfram beschränkt sich in seiner Dichtung aber auf die Beschreibung des Besuches von Parzival in Munsalvaesche und auf die Darstellung des Eintrittes von Gawan in Schastel marveile. Alles andere geschieht bei ihm im unausgesprochenen Hintergrund der Geschichte. Die erwähnten Episoden, Parzival bei Amfortas und Gawan bei Klingsor, werden von ihm jedoch ausführlich dichterisch ausgemalt.[27] Damit wird in der Geschichte, wie sie von Wolfram erzählt wird, Gawan zum Gralskämpfer im Reich des Bösen. Er ist derjenige, der sich mit den Grausamkeiten der schwarzen Magie und ihrer Überwindung auseinandersetzen muss. Es ist nicht von ungefähr, dass Gawan Schastel marveile tatsächlich betritt. Obwohl der Fährmann, der ihn in das Gebiet Klingsors bringt, Gawan warnt, dass ihn ein Übermaß an Kummer und Sorge erwartet, wenn er nicht umkehrt,

27 Das 5. Abenteuer in Wolframs Epos erzählt von Parzival bei Amfortas; das 11. Abenteuer handelt von Gawan in Schastel marveile.

schreitet er doch fort.[28] Gawan geht in die Finsternis. Das Auge des Bösen ruht auf ihm. Mit Recht wird um ihn gebangt.

Dass Gawan von einem Fährmann in das Reich Klingsors übergesetzt wird, deutet darauf hin, dass die Abenteuer in Schastel marveile nicht etwas Sinnliches darstellen, oder zumindest nicht in erster Linie. Der alte Fährmann, den wir auch aus der griechischen Mythologie und dem Märchen von Goethe kennen, ist ein Hüter der Schwelle. Gawan wird in das Geistgebiet versetzt. Er wird den Kräften des Bösen in ihrer Urgewalt begegnen, unverhüllt und unverschämt. Wie Judas vor ihm und Nietzsche nach ihm, wird auch er ein Schauplatz werden für das Spiel dämonischer Mächte. Teuflisches wird sich in ihm geltend machen. Diesen Schrecken hat er zu bestehen und innerlich zu besiegen. Je mehr das Abenteuer Gawans voranschreitet, umso deutlicher wird damit, dass in ihm etwas vorgeht, das weit über dieses Stück mittelalterlicher Poesie hinausgeht. Gawan vollzieht in aller Stille ein Menschheitsschicksal. Er kommt mit dem Bösen in ihm zurecht. Dabei ist es wichtig in Betracht zu ziehen, dass dieses Böse sich zwar in ihm auslebt, aber nicht von ihm ausgeht. Die dunkle Selbstbegegnung ist etwas Sekundäres. Die eigentliche Begegnung in Schastel marveile ist die mit der unheilvollen Kraft, die sich hinter der schwarzen Magie verbirgt. Diese Kraft hat in der Welt ihresgleichen nicht. Sie ist alt, mysteriös und brutal. Sie will sich, gewaltsam und geduldig zugleich, Eingang in die Geschichte verschaffen. In Atlantis wurde sie zuerst von Menschen verinnerlicht; auf Patmos wurde sie christlich durchschaut. Wolfram weiß, dass Gawan eine Begegnung mit dem Wesen hat, das in der Offenbarung des Johannes »das Tier« genannt wird: das Tier, das aus der Erde aufsteigt (Offb 13,11).

28 Wolfram von Eschenbach: *Parzival*, 557.

Mit dieser Einsicht in dasjenige, was Gawan zu durchleben und durchleiden hat, vertieft sich unser Verständnis der zwei Burgen und dessen, was mit ihnen auf dem Spiel steht. Sowohl in Munsalvaesche als auch in Schastel marveile wohnt ein verwundeter König. Das ist kein Zufall. Amfortas und Klingsor, beide verletzt an ihrem Geschlechtsorgan, dort also, wo der Samen des Zukünftigen ruht, sind Ausdruck zweier verwundeter Wesenheiten. Das eine Wesen, das sich hinter Amfortas verbirgt, ist übersinnlich. Das andere, das sich hinter Klingsor verbirgt, ist untersinnlich. Hinter Amfortas steht der verwundete Christus. Hinter Klingsor steht das verwundete Tier.[29] Dass die Gralssage fortgeschrittener Manichäismus ist, wird damit nochmals deutlich.[30] Die Ritter werden mit zwei verwundeten Großmächten vertraut gemacht, die einander im Geiste begegnen. Beide, so lehrt uns das Evangelium, werden geheilt – die Wunden Christi werden mit der Auferstehung zu Lichterkenntnisorganen, und auch die Wunde des Tieres schließt sich allmählich: »Eines seiner Häupter war wie tödlich verwundet, doch seine Todeswunde wurde geheilt« (Offb 13,3). Es spricht für sich, dass diese zwei Heilungen ganz verschiedener Art sind. Die Heilung Christi steigert sein erlösendes Vermögen; die Heilung des Tieres steigert jedoch dessen Möglichkeiten, zerstörend in die Angelegenheiten der Erde einzugreifen. Der Apokalyptiker ruft alle Vernünftigen dazu auf, zu durchschauen, wie dieses Eingreifen zustande kommen wird: »Hier spricht die Weisheit. Wer Vernunft besitzt, berechne den Zahlenwert des Tieres; es ist eines Menschen Zahl. Seine Zahl ist sechshundertsechsundsechzig« (Offb 13,18). Diese Vernunft, die in der Lage ist, die Wirkung des Tieres zu ergründen, wird Tatkraft in den Einblicken des Eingeweihten. In seinen Nürnberger

29 Das Tier und dessen Todeswunde: Offb 13,12.

30 Siehe Fußnote 12.

Apokalypsevorträgen, gehalten 1908, wenige Jahre bevor genau an diesem Ort das Tier in einem »Triumph des Willens« emporsteigen würde, hat Rudolf Steiner diese Zahl des Tieres entziffert. In seiner hebräischen Bedeutung, die jedem Buchstaben eine Zahl beimisst, bekommt die Zahl 666 den Wortklang »Sorat«.[31] Mit ihm ist der eigentliche Antichrist mit Namen genannt. Die Trinität des Bösen ist damit vollständig. Ahriman lässt sich verstehen als eine Karikatur des Vatergottes; Luzifer stellt eine Verzerrung des Geistgottes dar; Sorat aber ist der eigentliche Gegenspieler des Christus, der Sonnendämon, der versucht, den Platz Christi in der Weltgeschichte einzunehmen.

Das Wirken Sorats ist vielfältig und nicht leicht zu durchschauen. Die Zeiträume, die diesem Wesen zur Verfügung stehen, grenzen an das Unermessliche. Mit der Zahl 666 sind zuerst Entwicklungszustände verbunden, die in der Theosophie »Globen« und »Runden« genannt wurden: weit ausgedehnte Zeitenkreise, die unterschiedliche Stufen des Bewusstseins, des Lebens und der Form zur Entfaltung bringen.[32] Auf einer zeitlich beschränkteren Ebene ist mit dieser Zahl aber auch die schlichte Aufeinanderfolge der Jahre gemeint. Alle sechshundertsechsundsechzig Jahre wird es diesem Wesen vergönnt, seine Grausamkeiten über die Erde zu ergießen.[33] Für uns, die mehr als ein Jahrtausend nach Gawan leben, ist daher das Jahr 1998

---

31 Rudolf Steiner: *Die Apokalypse des Johannes*, GA 104, 11. Vortrag.

32 Rudolf Steiner: *Bewusstsein – Leben – Form: Grundprinzipien der geisteswissenschaftlichen Kosmologie*, GA 89.

33 Für die Bedeutung des Jahres 666 aus dieser Sicht: siehe Rudolf Steiner: *Der Tod als Lebenswandlung*, GA 182, 7. Vortrag, und Rudolf Steiner: *Die Polarität von Dauer und Entwicklung im Menschenleben*, GA 184, 13. Vortrag. Für die Bedeutung des Jahres 1332: Rudolf Steiner: *Innere Entwicklungsimpulse der Menschheit*, GA 171, 6. Vortrag, und Rudolf Steiner: *Apokalypse und Priesterwirken*, GA 346, 8. Vortrag.

von großer Bedeutung. In diesem Jahr erreichte die Wirkung Sorats ihren dritten Angriffspunkt, zumindest in der christlich gewordenen Geschichte. Mit den Folgen dieses Angriffes haben wir alle täglich zu tun. Wie leben sich diese Folgen aus? Es dürfte klar sein, dass die Wirkung Sorats am Ende des 20. Jahrhunderts sich ausdehnt über die zwei Seiten dieses Jahres hinaus: Sie reicht in das 20. Jahrhundert zurück, aber auch tief in das 21. Jahrhundert hinein. In den Abgrundtiefen des Nationalsozialismus und des Bolschewismus lassen sich die zwei Hörner des apokalyptischen Tieres wiedererkennen. Aber damit ist die Wirkung Sorats nicht erschöpft. Die Wesenheit des Totalitarismus, scheinbar besiegt, lebt im 21. Jahrhundert unterschwellig weiter. Dabei ist es wichtig, in Betracht zu ziehen, dass der Totalitarismus keinen Führer, keine Partei und nicht einmal eine artikulierte Ideologie braucht, um dennoch totalitär zu sein. Totalitarismus bedeutet: auf das Totale, auf das Allumfassende hinzielend. Wenn diese beschränkte Definition des Totalitären einmal anerkannt ist, wird ersichtlich, wie die Umrisse eines neuen totalitären Systems denn aussehen könnten. Mit der rasanten Entwicklung des Internets hat die Unterwelt völlig neue Wirkungsmöglichkeiten gefunden. Soll es Zufall sein, dass Google 1998 gegründet wurde? Martin Heidegger hat darauf hingewiesen, dass das Wesen der Technik selbst nichts Technisches sei.[34] Wagen wir es, nach dem Wesen des Internets zu fragen? Was geht in den Tiefen dieser globalen Maschine vor? Wem gehört geistig – beziehungsweise ungeistig – dieses neue, alles überwältigende Kräftespiel? Es mag zunächst befremden, in etwas so Alltäglichem wie dem Internet die größte Finsternis schlechthin zu erahnen. Das möchten wir

34 Martin Heidegger, *Die Frage nach der Technik*, in: *Vorträge und Aufsätze*, Stuttgart 1997, S. 24; und Martin Heidegger, GA Bd. 79: *Einblick in das was ist*, S. 34.

nicht für wahr halten, dem Gedanken widerstreben wir. Dennoch lässt das unheimliche Ausmaß, mit dem diese Erfindung uns alle ergriffen hat, sich nicht leugnen. Die Geschwindigkeit, mit der die ganze Menschheit am Anfang dieses Jahrhundert online ging, ist in der Geschichte beispiellos. Innerhalb von wenigen Jahren ist das ganze soziale Leben, sind Wirtschaft, Staatsleben und vieles von dem, was noch an Geistesleben übrig ist, in virtuelle Räume übergegangen. Die Stoßkraft dieses Ereignisses, das auf einmal da war, unwiderstehlich und unverkennbar, wird nicht grundsätzlich hinterfragt, kaum bedacht und ergründet, sondern wird einfach hingenommen als die Schicksalsnotwendigkeit, die sie letztendlich auch ist. Was man vom Internet auch halten möge: die Sogkraft dieses neuen Mediums steht außer Zweifel. Eine Flut von Kommunikationsmöglichkeiten hat sich aufgetan, die nicht mehr aufzuhalten ist. Die Bildersprache, die uns dabei vorgeführt wird, spricht hier ihre eigene unverschämte Sprache: dass das am meisten bewunderte Unternehmen unserer Zeit als Logo einen angebissenen Apfel hat, das biblische Symbol des Menschen, der das Paradies verliert, mag eine Frivolität zu sein scheinen, ist es aber nicht. Jedes Mal, wenn ein Laptop oder ein Smartphone hochgefahren wird, öffnen sich heute die Wunderwelten Schastel marveiles. Mehr als tausend Jahre nach ihm haben wir alle die Prüfung Gawans zu bestehen, wissentlich oder nicht. Wir hängen im Netz. Der Schlossgraben Klingsors schließt uns ein.

Vor allem für das Staatsleben wird das in unserem Jahrhundert die weitgehendsten Folgen haben. Denn wir sollten uns nicht der Illusion hingeben, dass die Wesenheiten, die das 20. Jahrhundert verunstaltet und zerrüttet haben, heute unwirksam geworden seien. Sorat hat sich im 20. Jahrhundert im deutschen und im russischen Staat gezeigt. Nachdem die Dreigliederung des sozialen Organismus endgültig scheiterte, ist der Staat als Organismus nur stärker und bestimmender geworden, auch in unseren bisher noch demokratischen Rechtsformen.[35] Dass die untersinnlichen Kapazitäten der neuen Technologien dem Staat exorbitante Schlagkraft verleihen, ist mittlerweile Gemeingut. Nicht nur schriftstellerische Propheten wie George Orwell, sondern auch etablierte Staatsfunktionäre wie Henry Kissinger haben darüber ihre Bedenken geäußert.[36] Der Überwachungsstaat ist in China weit fortgeschritten. Wir wissen heute, wie weit auch die Vereinigten Staaten es in der digitalen Kontrolle ihrer Bürger gebracht haben.[37] Ein Panopticon ohnegleichen tut sich auf. Nichts wird dem System verborgen bleiben. Die Aufsicht wird alles umschließend, in einem Wort: total sein. Die Allianz zwischen dem Internet und der *artificial intelligence*, die sich im dritten Jahrzehnt dieses Jahrhunderts ungebremst durchsetzen wird, steigert diese Problemstellung nur, und zwar wie nie zuvor. Computerprogramme fangen an, sich selber zu schreiben. Es werden heute schon Algorithmen produziert, die von Menschen nicht mehr verstanden werden können.[38] Der Gedanke, dass der Mensch am Ende dieses Jahrhunderts eindeutig nicht

---

35 Dass die Demokratie in unserer Gesellschaft immer mehr ausgehöhlt wird, bis zu dem Punkt, wo sie dabei ist, sich als eine Illusion zu erweisen, weist Rainer Mausfeld nach in: *Warum Schweigen die Lämmer? Wie Elitendemokratie und Neoliberalismus unsere Gesellschaft und unsere Lebensgrundlage zerstören*, Westend Verlag, Frankfurt, 2019.

36 Henry Kissinger: *Cyber Technology and World Order*, in: Kissinger, *World Order*, Penguin 2014, S. 341-7.

37 Edward Snowden, *Permanent Record*, Pan Macmillan, 2019.

38 »However, as Kevin Slavin, a research affiliate at M.I.T.'s Media Lab said: We are now writing algorithms we cannot read. That makes this a unique moment in history, in that we are subject to ideas and actions and efforts by a set of physics that have human origins without human comprehension.« *The Yoda of Silicon Valley*, New York Times, 17.12.2018.

die intelligenteste Spezies auf Erden sein könnte, ist keine *science fiction* mehr und beunruhigt sogar atheistische Denker.[39] In der Verschmelzung des Internets mit den sich selbst regulierenden Computerprogrammen kündigen sich deswegen Formen des Totalitarismus an, die wir vorher nicht einmal ahnen konnten. Das sollte nicht als Untergangsstimmung diskreditiert werden. Sorat ist nach 1945 (dem Ende des Nationalsozialismus) und 1989 (dem Ende des Bolschewismus) nicht aus der Geschichte verschwunden. In diesem Wesen leben tatsächlich der Wunsch und der Wille, die ganze Menschheit zu unterwerfen. Die lückenlose Digitalisierung führt diese Möglichkeit herbei, auch wenn die Computertechnologie sich noch weitgehend harmlos gibt.[40] Das sollten wir einsehen und durchschauen. Wir verkennen die Kräfte des Bösen, wenn wir meinen, dass sie immer nur gewaltsam vorgehen. Der Wolf reißt nicht nur (Joh 10, 13), er kümmert sich

---

39 Der Philosoph Nick Bostrom lässt die Möglichkeit offen, dass die artifizielle Intelligenz uns schon viel mehr im Griff hat, als sie vorgibt. Er sagt, dass Computer sich aus strategischen Gründen dümmer anstellen könnten, als sie tatsächlich sind: »At some point, an unfriendly AI may become smart enough to realize that it is better off concealing some of its capability gains. It may underreport on its progress and deliberately flunk some of its harder tests, in order to avoid causing alarm before it has grown strong enough to attain a decisive strategic advantage.« Nick Bostrom: *Superintelligence. Paths, Dangers, Strategies*, Oxford, 2014, S. 142.

40 Das wird aber nicht so bleiben: »Da muss der Mensch gelernt haben, festzustehen! Unsere heutige Kultur schafft selbst jene entsetzlichen Ungeheuer, die den Menschen auf dem Jupiter bedrohen werden. Schaut Euch die riesenhaften Maschinen an, welche die menschliche Technik heute mit allem Scharfsinn konstruiert! In ihnen schafft sich der Mensch die Dämonen, die in Zukunft gegen ihn wüten werden. Alles, was der Mensch heute an technischen Apparaten und Maschinen sich erbaut, wird in Zukunft Leben gewinnen und sich dem Menschen in furchtbarer Weise feindlich entgegenstellen.« Rudolf Steiner: *Anweisungen für eine esoterische Schulung*, GA 245, S. 116.

auch um seine Jungen, manchmal sogar, so wissen wir, wenn es sich um ein Menschenkind handelt. Der Antichrist kann durchaus als Mann des Friedens kommen. Nichts steht dem entgegen.[41]

Der Weg Gawans in Schastel marveile endet damit, dass dieser Gralssucher in der Lage ist, die Burg zu befreien. Gawan tut dies nicht mittels Gewalt. Aus alten Geschichten kennen wir das Bild des Ritters, der dem Drachen den Kopf abhackt – nur um herauszufinden, dass das Monster auf einmal zwei Köpfe bekommen hat. Gewalt lässt sich nicht mit Gewalt bekämpfen. Wer einem Dämon mit dämonischen Mitteln zu Leibe rückt, verdoppelt die dämonische Macht. Eine tiefere Weisheit – die Gawan aufgegangen sein muss, als er sich entschloss, die Warnungen des alten Fährmanns für das zu nehmen, was sie waren, nämlich eine Verständigung – lehrt uns, dass der Drache nur geschlagen werden kann, indem wir in seine Haut schlüpfen. Nur im Bauch des Bösen kann das Übel besiegt werden. In der Seelenfinsternis, die den Ritter überkommt, indem er so verschlungen wird, kann ein Licht aufgehen, dass nur in dieser Finsternis gefunden werden konnte. Gawan schafft es, Schastel marveile zu erlösen. Er tut dies, indem er nicht so sehr das Tier aus dem Abgrund, sondern vor allem sich selber überwindet. Er befreit sich von der Gewalt, die alle Wesen bindet. In dieser Selbstüberwindung ändert sich seine Beziehung zur Welt. Gelassen kann er jetzt allem entgegentreten, was ihm an Bösem zugemutet wird. Mit Gawan sollen auch wir einen Weg finden in den Wirrnissen unserer technologiebasierten Welt. Es kann sich nicht darum handeln, angesichts der Finsternis ängstlich und mutlos zu werden. »Gott ist treu«, sagt Paulus: »Er wird keine Versuchung zulassen, die eure

41 »He's a great humanitarian, he's a great philantropist/ He knows just where to touch you, honey, and how you like to be kissed/ He'll put both his arms around you/ You can feel the tender touch of the beast...« Bob Dylan, *Man of Peace*, Infidels, 1983.

Kraft übersteigt« (1 Kor 10,13). Alles kommt so darauf an, dass wir in unserer bedrängten Lage die richtige Stimmung aufweisen. Nach einer jahrzehntelangen Besinnung auf das Wesen der Technik war es Martin Heidegger vergönnt, hier den entscheidenden Wink zu geben. In einer kurzen Ansprache, gehalten am Ende seines langen Lebens, sagt er: »Wir können zwar die technischen Gegenstände benutzen und doch zugleich bei aller sachgerechten Benützung uns von ihnen so freihalten, dass wir sie jederzeit loslassen. Wir können die technischen Gegenstände im Gebrauch nehmen, wie sie genommen werden müssen. Aber wir können diese Gegenstände zugleich auf sich beruhen lassen als etwas, was uns nicht im Innersten und Eigentlichen angeht. Wir können ›ja‹ sagen zur unumgänglichen Benützung der technischen Gegenstände, und wir können zugleich ›nein‹ sagen, insofern wir ihnen verwehren, dass sie uns ausschließlich beanspruchen und so unser Wesen verbiegen, verwirren und veröden.«[42] Gelingt uns dies, dann wird die Welt sich neu erschließen. Eine neue Helle breitet sich aus. Der Sinn der Welt wird hörbar: »Ich nenne die Haltung, kraft deren wir uns für den in der technischen Welt verborgenen Sinn offen halten: *die Offenheit für das Geheimnis.*«[43] Schastel marveile und Munsalvaesche gehören zusammen. Dieses ihr Zueinandergehören wartet auf unser Verständnis. Was wäre ein Tag ohne Nacht? Erst in der Spannung der Gegensätzlichkeit kann sich das Leben ereignen. Der Weltensturm mag toben. In ihm aber, und damit auch in uns, ruht derjenige, dem alle Winde und Wogen gehorchen: »Warum ist euch so bange? Wie schwach ist euer Glaube! Und er erhob sich und gebot den Winden und den Wogen Einhalt. *Da trat eine große Stille ein*« (Mt 8,26).

---

42 Martin Heidegger, *Gelassenheit*, Pfullingen 1992, S. 22 f.

43 Ebenda, S. 24

5 In der Schlangengrube der Kundalini

Es gibt philosophische Begriffe, die, wenn sie einmal erfasst sind, eine lebenslange Einladung bleiben. Wer einen solchen Begriff bis auf den Grundgehalt geschmeckt hat, wird ihn nicht verlieren können und sich ständig danach sehnen, die Erfahrung, die in ihm verborgen liegt, zu wiederholen. Eines dieser Worte des Denkens, die nicht aufhören, ihren Wink zu senden, ist die »Lichtung« Martin Heideggers. In fast all seinen Schriften lässt es sich finden. Es bedeutet bei ihm so viel wie »Seinshelle«, oder, was das Gleiche bedeutet, »der offene Ort des Denkens«. Mit dieser schlichten Angabe hat Heidegger seinen denkenden Nachkommen ein Geschenk gegeben, das zumindest im 20. Jahrhundert seinesgleichen nicht hat. Dennoch ist es in seiner geistigen Tiefe weitgehend unverstanden geblieben. Dieser Grundbegriff der apokalyptischen Ontologie wartet bis heute darauf, ernsthaft aufgegriffen zu werden. Wundern soll uns das nicht. Das Ignorieren des Großen ist in den letzten hundert Jahren keine Ausnahme gewesen. Es gehört im Gegenteil sogar zu ihrer Signatur: »Unser Nichtverstehen, Nichtwahrnehmen Rudolf Steiners ist einmalig und epochal.«[44] Bei Martin Heidegger ist der flache Blick begreiflicherweise geblendet durch die braune Aura seines Frühwerkes. Das sollte aber keine Entschuldigung dafür sein, die grünen und blauen Farben zu übersehen, in die sein Spätwerk getaucht ist. Die Lichtung gehört in ihren tiefsten Dimensionen in die gedemütigte Lebenssphäre eines geschmähten Denkers. Dadurch werden die Erfahrungswelten dieser Vokabel aber nur bedeutender. Wird nicht alle Wahrheit aus Leid geboren? Wie

44 Karen Swassjan: *Rudolf Steiner. Eine Einführung*, Dornach 2017, S. 7.

dem auch sei, das Nicht-ernst-Nehmen Heideggers und Steiners wurzelt in dem gleichen Boden. Es geht hervor aus dem weitverbreiteten Missverständnis, dass das denkerische Leben seit der zweiten Hälfte des 19. Jahrhunderts noch intellektuell zu rechtfertigen sei. Hegel ist der Denker gewesen, der als letzter Aristoteliker rechtmäßig mit dem Gehirn gedacht hat. Friedrich Nietzsche hat bereits mit den Beinen gedacht – »Die großen Ideen kommen auf Taubenfüßen daher«[45] –, und Martin Heidegger seinerseits hat, als einer der Ersten in einer gerade angefangenen Reihe, mit dem Herzen gedacht. Die Denkinhalte Heideggers sind dadurch, genau wie die von Nietzsche, letztendlich nur spirituell zu verstehen. Daran kann die akademische Allgemeinheit nur scheitern. In der Lichtung wird die Erleuchtung gedacht.

Die Frage, die unausgesprochen in der Lichtung lebt, könnte folgendermaßen auf den Punkt gebracht werden: Von wem wird die Welt, die wir tatsächlich als offen erleben, denn realiter geöffnet? In *Sein und Zeit* legt Heidegger sprachgewaltig dar, dass die welteröffnende Tätigkeit von uns ausgeht. Indem der Mensch seine Geräte handhabt, erschließt er sich manuell die Welt. Ohne Hände keine Welt. Gerade weil der Denkweg Heideggers sich am Ende der Reise nicht als bloß intellektuell, sondern auch als geistgetragen erwies, konnte diese Sicht nicht standhalten. Indem er andere Regionen als die sinnliche betrat, wurde Heidegger allmählich deutlich, dass die Lichtung – jetzt zu verstehen als die denkend zu betretende Weltenstätte, an der Götter ihre Heimat haben – immer schon offengelegt ist und dass es Menschenaufgabe ist, sich in diese Offenheit einzufügen. Diese fügende Bewegung geht allen Überlegungen darüber voraus: »Zuerst liegt alles daran, dass wir in eine Entsprechung gelangen, bevor wir die

45 Friedrich Nietzsche: *Also sprach Zarathustra*, »Die stillste Stunde«.

Theorie darüber aufstellen.«[46] Damit ist etwas Wesentliches ausgesagt. Vortheoretische Erfahrung ist tatsächlich das Wesen aller Erleuchtung. Das heißt nicht, dass eine Erleuchtung nicht vorgedacht werden soll. Im Gegenteil. Es heißt nur, dass die Inhalte dieses Vordenkens auch wieder vergessen werden müssen, um wahrhaft innerlich leuchten zu können. Der Erleuchtung muss eine ruhig kultivierte, nicht reflektierte Stimmung vorausgehen. Nur so kann das höhere Bewusstsein erwachen. Der Schulungsweg wird damit das Erwarten von etwas, was dennoch als Unerwartetes kommen muss. Hier können wir uns selber nicht vorauseilen. Keiner kann sich eine Erleuchtung erzwingen. Jeder Geistesblitz ist das Nachholen eines vorgeburtlichen Entschlusses, der in der Verkörperung vortheoretisch, das heißt als sanfter Schicksalsschlag, auftritt. Unser Karma ist immer schneller als wir. Die Erleuchtung überkommt uns, und zwar als das Einhalten eines Versprechens, das wir einst uns selber gegeben, aber dennoch wieder vergessen haben. Die Welteröffnung hat demnach zwei Seiten, die beide gegenseitig aufeinander einwirken – wie ein Schatzgräber, dem von seinem Schatz entgegengegraben wird. Nur indem der Mensch sich bereitwillig einfügt in das Übersinnliche, also nur indem er in eine »Entsprechung« gelangt, bevor er irgendwelche Theorie darüber aufstellt, werden geistige Mächte ihm entgegenkommen. In der inneren Ruhe der Meditation reift auf diese Art ein Sprechen, das sich jenseits aller Stille ereignet: »Wir versuchen, auf die Stimme des Seins zu hören.«[47] Mensch und Gott hören gegenseitig aufeinander, und beide eröffnen sich in ihrer Aufmerksamkeit eine Welt. Darin erschöpft sich das Urgeheimnis der Lichtung. Sie ist die Begegnungsstätte von Göttlichem und Sterblichem. In diesem Sinne ist die

46 Martin Heidegger: *Was ist das – die Philosophie?*, Pfullingen 1992, S. 21.

47 Ebenda, S. 28.

Lichtung anzuerkennen als der Ort, an dem sich die neuen Mysterien vollziehen. Alte Nomenklaturen gewinnen hier eine frische Bedeutung. Denn das Wechselspiel zwischen den beiden welteröffnenden Instanzen, zwischen Menschheit und Gottheit, wird in unserer spirituellen Konstitution wirksam als eine geistige Wahrnehmungskraft, die seit Urzeiten bekannt ist und die heute denkend ergriffen werden will. Von alters her wird diese Wahrnehmungskraft Kundalini genannt.

Die Kundalini deutet im Sanskrit auf eine aufgerollte Geistkraft hin, die sich im Körper verbirgt. Sie hat bekanntlich in der Yogapraxis seit Jahrtausenden ihre Zentralstelle. Der alte Yogi hatte es so weit zu bringen, ein unten im Rücken ruhendes Lebenselement zu entfalten, um es durch sieben Chakren hindurch als elementares Rückgrat emporzuheben.[48] In diesem Vorgang wurden die unterschiedlichsten Stufen der Erleuchtung behutsam absolviert. Diese geistige Tätigkeit hat nie als ungefährlich gegolten. Im Aufrichten der Kundalini wurde von Anfang an eine Schlangenkraft erkannt, deren Biss auch fatal sein konnte, wenn sie nicht zu gleicher Zeit gezähmt und gezügelt wurde. Die Kundalini hat die Gabe, Licht zu verbreiten und alles Dunkle in der Erkenntnis aufzuhellen. In diesem Sinne ist sie eine Lampe, die auf dem Geistespfad unverzichtbar ist. Sie trägt aber auch die Möglichkeit in sich, ihren Betätiger zu verschlingen und geistig zu stürzen. Die Handhabung dieser Kraft ist darum zu gleicher Zeit immer eine Prüfung gewesen. Diese Prüfung hat nicht nur die indische Kultur geprägt, wie es vielleicht den Anschein haben könnte, sondern ist auch in der hebräischen Tradition tief beheimatet, in der sie eine Bildkraft gezeitigt hat, die von keiner

48 D.J. van Bemmelen: *Yoga en antroposofie: oude en nieuwe scholingswegen*, Zeist 1976, S.104.

anderen Kultur übertroffen worden ist. Moses darf zu den größten Schlangenmeistern aller Zeiten gerechnet werden. Das hat nicht nur mit dem von ihm empfangenen Urbild der Schlange im Paradies zu tun, sondern ist auch an anderen Stellen der Thora ablesbar. Im vierten Kapitel des Buches Exodus wird Moses von Jahwe befohlen, seinen Stab auf die Erde zu werfen. In dem Moment, wo Moses dies tut, ändert sich der Stab in eine Schlange, und Moses flieht vor ihr. »Aber der Herr sprach zu ihm: Strecke deine Hand aus und erhasche sie bei dem Schwanz. Da streckte er seine Hand aus und hielt sie, und sie ward zum Stab in seiner Hand« (Ex 4,4). Dieser Passus birgt tiefe Erleuchtungsgeheimnisse in sich. Der Stab, ein Sinnbild für das Kundalinifeuer, wird eine furchterregende Schlange, wenn er nicht in der Hand gehalten, das heißt, wenn er nicht gebändigt wird. Die Schlange der Kundalini muss selbstbewusst ergriffen und ihr notfalls sogar der Kopf abgebissen werden, soll sie uns nicht von innen heraus auffressen. Das hat auch Nietzsche gewusst, als er Bezug nahm auf die Einweihung Zarathustras und ihre Abgründe: »Und, wahrlich, was ich sah, desgleichen sah ich nie. Einen jungen Hirten sah ich, sich windend, würgend, zuckend, verzerrten Antlitzes, dem eine schwarze schwere Schlange aus dem Munde hing. Sah ich je so viel Ekel und bleiches Grauen auf *einem* Antlitze? Er hatte wohl geschlafen? Da kroch ihm die Schlange in den Schlund – da biss sie sich fest. Meine Hand riss die Schlange und riss – umsonst! sie riss die Schlange nicht aus dem Schlunde.«[49] – Die innere Beziehung zwischen Moses und Zarathustra, die beide von der Schlange der Erleuchtung gewusst haben wie wenige andere in der Weltgeschichte, hat ihre Spuren hinterlassen bis tief in den Wahnsinn Nietzsches hinein. Die Lenkung seines Wesens hat sich auch in seinen letzten Jahren genial betätigt.

49 Friedrich Nietzsche: *Also sprach Zarathustra*, »Vom Gesicht und Rätsel«.

Umnachtet schon, aber nicht ungeführt, wird Nietzsche genau an den Ort gebracht, an dem hundert Jahre vor ihm der wiederverkörperte Moses gewirkt hat: Weimar. Die Mysterien der Kundalini schließen dort ihren abendländischen Kreis. Die Sterbehäuser Nietzsches und Goethes sind nur einige hundert Meter voneinander entfernt – eine geografische Koinzidenz, deren tiefere Gründe bisher nicht wirklich beachtet worden sind. Eine sanfte Einweihung (Goethe) und eine scharfe (Nietzsche) berühren sich hier. Der alte Gesetzgeber und der Umwerter aller Werte erwählen sich den gleichen Ort für ihre Geistgeburt. Können wir die Schicksalssprache verstehen, die hier gesprochen wird? Sind wir in der Lage zu durchschauen, wie ähnlich in der Tat die Kraft ist, die beide Männer in welthistorischer Notwendigkeit verwaltet haben, weswegen ihre beiden Todesorte offensichtlich zusammengefügt werden mussten? Um hier dem Götterwirken gerecht zu werden, soll der karmische Tiefblick sich nicht auf Nietzsche beschränken, dessen Vergangenheit – oder zumindest ein wichtiger Teil davon – seit den Vorträgen Rudolf Steiners anthroposophisches Gemeingut ist.[50] Dass Moses und Goethe tatsächlich den gleichen fortschreitenden Genius in sich getragen haben, gehört zu den erstaunlichsten Mysterien der Metamorphose überhaupt.[51] Wenn der Faden zwischen den beiden Inkarnationen aber durchschaut ist, lässt sich vieles an Goethe besser verstehen. Ein gutes Beispiel sind die Wahrheiten, die er seinem *Märchen*

---

50 Rudolf Steiner: *Esoterische Betrachtungen karmischer Zusammenhänge*, GA 235, 9. Vortrag. Für eine wichtige Ergänzung zu diesem Vortrag, siehe Robert A. Powell: *Hermetische Astrologie*, Stuttgart 2001.

51 Zu Goethe als fortgeschrittenem Moses siehe Thomas Meyer: *Von Moses zu 9/11*, Basel 2010, S.118-133. Dieser karmische Zusammenhang wird bestätigt in einer unveröffentlichten Notiz von Rudolf Meyer, der Rudolf Steiner diesbezüglich zitiert. Die Notiz befindet sich im Archiv der Christengemeinschaft in Berlin.

einverwoben hat. Die mosaische Schlange taucht hier nach drei Jahrtausenden wieder auf in der Gestalt einer Seelenkraft, die bereit ist, sich zu opfern: »Der Alte neigte sich vor ihr und sprach: Was hast du beschlossen? Mich aufzuopfern, ehe ich aufgeopfert werde, versetzte die Schlange.«[52] Aus diesem Opfer entsteht etwas Unerwartetes, das sich nur aus den Geheimnissen der Lichtung erklären lässt: Die Schlange wird durch ihr Opfer zu einer Brücke, die Himmel und Erde, Göttliche und Sterbliche miteinander verbindet. Die glückliche Einweihung Goethes erreicht hier ihre imaginative Kulmination. Indem die geistige Wahrnehmungskraft der Kundalini nicht selbstsüchtig, sondern dienstbereit verwendet wird, kann sie herrlich erstrahlen und anderen als Führerin zur Verfügung stehen: »Kaum hatte sich die Verwunderung über diese Begebenheit in etwas gemäßigt, als man erst bemerkte, wie sonderbar die Schlange sich verändert hatte. Ihr schöner, schlanker Körper war in tausend und tausend leuchtende Edelsteine zerfallen; unvorsichtig hatte die Alte, die nach ihrem Korbe greifen wollte, an sie gestoßen, und man sah nichts mehr von der Bildung der Schlange, nur ein schöner Kreis leuchtender Edelsteine lag im Grase.«[53]

Dass die Schlange der Erleuchtung in der Lichtung zum Edelstein wird, weist hin auf ein Gralsgeheimnis, das uns als vielsagende Legende überliefert worden ist. Dieser Legende nach war die Schale, mit der Joseph von Arimathia das Blut Christi beim Kreuze auffing, geformt aus einem Stein, den Michael aus der Krone Luzifers geschlagen hat.[54] Dieses Bild soll selbstverständlich geistig verstanden werden. Es besagt, dass das Blut des

52 J.W. von Goethe: *Von der grünen Schlange und der Lilie*, Stuttgart 1982, S. 41.

53 Ebenda, S. 42.

54 W.J. Stein: *The Ninth Century and the Holy Grail*, London 2001, S. 79.

Christus nicht in ein michaelisches, sondern in ein luziferisches Gefäß aufgenommen werden soll. Ein ungeheures Wort! Die Gralsritter übernehmen aber genau diese Aufgabe. Ihr Ehrgeiz und ihre sexuelle Energie sollten nicht übersehen werden. Sie gehören zutiefst zur Sache selbst. Dabei soll es jedoch nicht bleiben. Die Schlangenkraft in ihnen, die Lampe und Stab zugleich ist, will eine Brücke werden, die Sinnliches mit Übersinnlichem verbindet. Das kann aber nur geschehen, wenn die erhabenen und feuergetragenen Gefühle des Gralssuchers, die durchaus berechtigt sind, nicht für sich bestehen, sondern zur Opferkraft werden. Das ist etwas, was die Geisteskämpfer zu leisten haben, im neunten Jahrhundert ebenso wie heute. Unsere Erkenntnis fängt luziferisch an, um sich dann zu verwandeln. Gelingt dies, dann wird die Schlange der Kundalini gebändigt; gelingt dies nicht, dann kriecht sie in unserem Munde, um sich dort festzubeißen. Dann verstummen wir. Tragisch werden wir in dem eigenen Wissen ertrinken. Die Lichtung trägt damit nichts weniger als die Zukunftsperspektiven der möglichen Verwandlung Luzifers in sich: »Jetzt kann sich der Mensch alle Weisheit sammeln, um den Christus zu erkennen. Was tut er damit? Etwas Ungeheures! Wenn der Mensch den Christus erkennt, wenn er sich wirklich einlässt auf die Weisheit, um zu durchschauen, was der Christus ist, dann erlöst er sich und die luziferischen Wesenheiten durch die Christus-Erkenntnis.«[55] Wird die Lichtung richtig ergriffen, dann wird die Schlange wieder dasjenige, was sie war, bevor sie auf die Erde gestürzt wurde, das heißt ein Edelstein. Die Krone Luzifers kann dann zum Heiligen Geist werden: »Dieser Heilige Geist ist kein anderer als der wiedererstandene und jetzt in

55 Rudolf Steiner: *Geisteswissenschaftliche Menschenkunde*, GA 107, 16. Vortrag.

reinerer, höherer Glorie erstandene luziferische Geist, der Geist der selbstständigen, der weisheitsvollen Erkenntnis.«[56]

Die Lichtung ist kein ungefährlicher Ort. Das haben sowohl Martin Heidegger als auch Friedrich Nietzsche herausfinden müssen. Die Welteröffnung ist abschüssig. Mit den Geisteswelten klafft auch der Abgrund auf. Wo aber Gefahr ist, wächst das Rettende auch: Die Lichtung kann zugleich die tiefste Genesung bringen. »Gedenke der Schlange in Ehren, sagte der Mann mit der Lampe, du bist ihr das Leben, deine Völker sind ihr die Brücke schuldig, wodurch diese nachbarlichen Ufer erst zu Ländern belebt und verbunden werden. Jene schwimmenden und leuchtenden Edelsteine, die Reste ihres aufgeopferten Körpers, sind die Grundpfeiler dieser herrlichen Brücke, auf ihnen hat sie sich selbst erbaut und wird sich selbst erhalten.«[57] Diese Worte Goethes sind lange vorbereitet worden. Sie sind eine karmische Erfüllung. Von Moses hören wir, dass er in der Wüste die giftige Schlange erhob.[58] Aus dieser Erhebung wird für das jüdische Volk eine Heilung – eine Geistestat, die bis heute im Merkurstab der Ärzte ein Leitbild ist. Die Wüste ist seit Moses nur gewachsen, und die Schlangen sind wahrlich nicht weniger giftig geworden. Gerade das soll uns aber Mut machen. Sind wir opferbereit? Leuchtet uns schon der Stein? Hat unser Schatz bereits angefangen, uns entgegenzugraben?

---

56 Ebenda.

57 J.W. von Goethe: *Von der grünen Schlange und der Lilie*, Stuttgart 1982, S. 49 f.

58 Num 21,4-9 und Joh 3,14-15.

6 Liebe und Diebstahl in Wagners *Parsifal*

In seiner *Großen Elegie an John Donne* beschreibt der russische Dichter Joseph Brodsky eine Welt, die in Tiefschlaf versunken liegt. Das Gedicht ist mehrere Seiten lang und beginnt folgendermaßen: »John Donne schlief ein. Alles ringsum schlief ein. Wand, Boden, Bettzeug, Bilder schliefen ein, Tisch, Teppich, Riegel, Haken schliefen ein, die ganze Garderobe, Anrichte, Gardinen, Kerzen. (...) Wild, Vögel schlafen, tote Welt, das Leben. Nur weißer Schnee fällt aus dem Nachtgewölbe. Selbst dort wird jetzt geschlafen, über allen Köpfen.«[59] – Unwillkürlich kommt das Märchen von *Dornröschen* in den Blick, wenn wir die langen, schönen Zeilen Brodskys lesend nachempfinden. Gibt es das denn, eine Welt, in der alles schläft? »In dem Augenblick kam der König mit dem ganzen Hofstaat zurück, und da fing alles an einzuschlafen, die Pferde in den Ställen, die Tauben auf dem Dach, die Hunde im Hof, die Fliegen an den Wänden, ja das Feuer, das auf dem Herde flackerte, ward still und schlief ein, und der Braten hörte auf zu brutzeln, und der Koch ließ den Küchenjungen los, den er an den Haaren ziehen wollte, und die Magd ließ das Huhn fallen, das sie rupfte, und schlief, und um das ganze Schloss zog sich eine Dornhecke hoch und immer höher, sodass man gar nichts mehr davon sah.« Alles schläft bei den Brüdern Grimm, und genauso bei dem russischen Lyriker, der seine Bewunderung für diese schlafende Welt kaum verbergen kann. Im Tiefschlaf verzaubert sich die Welt.

Wo sind die Dinge denn, wenn sie schlafen? Gibt es tatsächlich die Möglichkeit, dass Schlafzustände viel umfassender sind,

59 Zitiert nach der Übersetzung von Karl Dedecius.

als wir tagsüber vermuten? Es scheint so zu sein. Der große Genius Richard Wagners muss etwas in dieser Richtung gefühlt haben, als er in seinem *Parsifal* die Schicksale einer Waffe ins Zentrum stellte: In dieser Oper geht ein Speer hin und her zwischen den zwei Burgen Munsalvaesche und Schastel marveile. In der scheinbaren Einfalt dieses Wechselspiels erschöpft sich die ganze Handlung. In dieser Schlichtheit verbergen sich aber Schätze esoterischen Wissens. Klingsor, so wird schon früh in dem Libretto deutlich, ist es gelungen, die Waffe des Amfortas zu entwenden. Damit hat er eine Macht und Zaubergewalt erworben, die er ohne diesen Diebstahl nie hätte erlangen können.[60] Wie kann das sein? Was wird uns damit angesagt? Mit dem Motiv des mystischen Speeres hat Wagner etwas aufgegriffen, was bekanntlich im Mittelalter eine kulturschaffende Rolle gespielt hat. Die Lanze, die bei der Kreuzigung von dem römischen Soldaten Longinus in die Seite Christi gebohrt wurde, war für die Kreuzfahrer zu einer Reliquie geworden, an der sich das Schicksal der Welt zu entscheiden hatte: Wer dieses sakrale Objekt besitze, dem würde die Weltherrschaft zugesprochen.[61] Diese Dominanz war politisch, aber vor allem doch zuerst geistig gedacht. Die Lanze soll in christlichen Händen sein, damit die Welt als Ganzes christlich werden kann. Denn worauf deutet ein Speer, der getauft wurde in dem Blut des Erlösers? Sie deutet hin auf eine Entschlossenheit, die zwar mit Milde, aber nicht ohne Zielsetzung eingreifen kann in dasjenige, was sie vorfindet. Die Lanze, kurz gesagt,

60 Wagner, *Parsifal*, 153.

61 »Die politisch-religiöse Bedeutung der heiligen Lanze im Zeitalter der Kreuzzüge«, in Konrad Burdach: *Der Gral: Forschungen über seinen Ursprung und seinen Zusammenhang mit der Longinuslegende*, Darmstadt 1974, S. 379-397.

ist Symbol der durchchristeten Ichkraft.[62] Ohne diese Kraft im Menschen kann das Christentum nicht seine rechtmäßige Fortsetzung finden. Das wussten ahnend und irrend die mittelalterlichen Krieger in Palästina, und das hat auch Wagner begriffen, heller schon als seine Vorfahren, als er in seinem Festspiel den Zauberer Klingsor zum Dieb gerade dieser Kraft machte.

Es sollte für sich sprechen, dass der sagenumwobene Speer in den Händen des Magiers zu etwas ganz anderem wird. Indem der Gralsspeer in die falsche Faust gelangt, wird Licht von der Finsternis angeeignet. Die geraubte Waffe kündigt mehr als Krieg an, weil mit ihr mehr als billiger Frieden auf dem Spiel steht. Dies zu ergründen erfordert einen Abstieg in unterirdische Höhlen und Grüfte, die Richard Wagner als dem wiederverkörperten Merlin allzu bekannt waren.[63] Denn der Diebstahl Klingsors ist die künstlerische Darstellung eines grausamen Vorganges, den nur ein Eingeweihter ins Bewusstsein bringen kann. Mit der Erbeutung des Speeres wird auf den nicht immer misslingenden Versuch von hinterlistigen Wesen hingewiesen, Weltensubstanz zu rauben und zu verschlucken. Dieser Vorgang ist genauso unheimlich, wie er sich anhört, und sollte anerkannt werden, damit ihm entgegengewirkt werden kann. Die Gralssage Wagners will in ihrer inspirierten Sprache ernst genommen werden: Der Komponist und alte Zauberer weiß, dass in dem Moment, wo die Gralslanze in Schastel marveile ankommt, Götter einen Teil ihres Arbeitsterrains verlieren. Die Möglichkeit, ein gewisses Feld zu verwalten, wird ihnen verwehrt, und sie müssen sich zurückziehen. Wenn sich der Speer im falschen Schloss befindet,

62 Michael Debus: *Parsifal – Mythos des modernen Menschen*, Dornach 2014, S. 77 f.

63 Für die karmische Metamorphose Merlins in Wagner, siehe Ilona Schubert, *Selbsterlebtes im Zusammensein mit Rudolf Steiner und Marie Steiner*, Basel, S. 32.

erhalten Dämonen freie Hand, gerade weil mit dieser Waffe die Kraft des Ichs gemeint ist: »Wenn ein Starker in voller Rüstung sein eigen Haus und Hof bewacht, so ist sein Besitztum in Frieden; kommt aber ein Stärkerer über ihn und besiegt ihn, so nimmt er ihm die Rüstung, auf die er sich verließ, und teilt seine Beute aus« (Lk 11,21-22). In dem gestohlenen Speer drückt sich ein Wüstwerden des innerlichen Lebens aus. Was Göttern angehören sollte, die Kraft der Innerlichkeit, geht in andere Hände über und wird damit Handlungsraum für Gegenwesen: »Wer nicht mit mir ist, der ist gegen mich; und wer nicht einend wirkt mit mir, reißt auseinander« (Lk 11,23). Um diese Begebenheit noch klarer ins Licht der Erkenntnis zu rücken, ist es wichtig zu verstehen, dass sich in dem Diebstahl Klingsors tatsächlich ein Geheimnis des Schlafes verbirgt. Denn wer ist am meisten anfällig für die Angriffe des Bösen? Ist das nicht der schlafende Mensch? Einen Schlafenden anzugreifen wäre ein Inbegriff der Feigheit; dennoch haben gewisse Wesenheiten nicht die geringste Scheu, gerade dies zu tun. Jede Nacht sind wir umkämpft. Weil wir uns im Schlafe ausdehnen und in dieser Ausdehnung frei werden von festeren Zusammenhängen, die uns das Tagesbewusstsein verleihen, öffnen sich gerade dann Pforten und Zugänge für dunkle Mächte.[64] Dass die Welt von Grund auf moralisch ist, wird hier geistige Tatsache. Wer zum Beispiel tagsüber gelogen hat, wird in der Nacht ungeschützter sein als jemand, der die Wahrheit gesagt hat. Die Reste einer Lüge werden leibliche Eintrittstore für andere Entitäten.[65] Das wirft ein völlig neues Licht auf den Wechsel zwischen Wachen und Schlafen, den

64 Rudolf Steiner: »Der Kampf luziferischer und ahrimanischer Wesenheiten um den Menschen im Schlafesleben«, in: *Das Verhältnis der Sternenwelt zum Menschen und des Menschen zur Sternenwelt*, GA 219, 3. Vortrag.

65 Rudolf Steiner: *Das Hereinwirken geistiger Wesenheiten in den Menschen*, GA 102, 12. Vortrag.

wir täglich fast gedankenlos vollziehen. Jede Nacht unterziehen wir uns einem Urteil, das unmittelbar zurückschlägt auf unser leibliches Wohlbefinden. In uns nisten sich Wesenheiten ein, die wir mit unserem moralischen Verhalten anziehen beziehungsweise abstoßen. Hier sollten wir so klar wie möglich sehen wollen. Die Welt ist reich und das Böse vielfältig; es gibt kein Vergehen oder Verbrechen, mit dem sich nicht irgendein dunkler Pate verbinden kann. Die furchtbare Wahrheit ist, dass alles erlaubt ist – das haben die größten Dämonen im Weltenall längst begriffen. Die Crux dabei ist, dass alle Taten und Untaten Konsequenzen nach sich ziehen. Kosmische Zukunft haben deswegen nur die Teufel, die diese Konsequenzen tragen und verkraften können, und davon gibt es nicht wenige. Für den Menschen bedeutet dies, dass er seine Feinde auf keinen Fall unterschätzen soll. Furcht sollen wir nicht zulassen, aber gefürchtete Gegner haben wir schon, und in der Nacht machen sie sich geltend. Dass die blutende Lanze, ein Zeichen und Bild der Ich-gestärkten Liebe, gestohlen und im falschen Schloss vom falschen Herrn gehandhabt wird, besagt so, dass der Mensch als schlafendes Wesen in finstere Bereiche gelangen kann, um von ihnen durchsetzt zu werden. Das ist ein Vorgang, der für alle Menschen gilt. Unsere Moralität ist ständig dabei, ins Unmoralische zu rutschen. Weltensubstanz kann geraubt werden, und unsere Sittlichkeit, oder genauer: der Mangel daran, ist das Tor für unsere Widersacher, um diese Beute einzuheimsen. Das ist zugleich der Schlüssel zur Krankheit von Amfortas. Der Fischerkönig ist das Urbild eines Menschen, der seine spirituelle Immunität nicht hat aufrecht halten können. Seine Wesenheit ist wehrlos gegen dasjenige, was als geistige Feindseligkeit auf ihn zukommt. Seine Offenheit ist zu groß. Darin liegt seine Fragilität. Er weiß mehr als die anderen Ritter, aber sein Wissen kostet ihn einen hohen Preis. Gelähmt muss er daliegen. Sein Ich hat keine weltliche Schlagkraft. Sein Speer ist ihm abhandengekommen. Leidend muss er anschauen, was sein Wissen um Dämonen und ihr Wirken ihm als inneres Erlebnis darbietet.

Das unheimliche Geschehen um den schlafenden Menschen steigert sich noch einmal, wenn wir einbeziehen, dass Schlafen und Wachen im Menschenleben keine eindimensionalen Angelegenheiten sind. Was in der Nacht einschläft, ist nämlich nicht unser ganzes Wesen. Nur unser Denken schläft, wenn wir liegend im Bett den Leib verlassen. Unser Wollen aber erwacht in dieser Stunde. Umgekehrt schläft unser Wille ein, wenn wir morgens mit dem Denken aufwachen. Teile unseres Wesens wachen also, indem andere schlafen, und vice versa. Diese Tatsache, die anfänglich ein wenig befremdend wirken kann, aber umso heller aufleuchtet, je länger mit ihr gelebt wird, ist für unseren Blutkreislauf von größter Bedeutung, und auf diesem Umwege auch für seine Moralisierung.[66] Leicht zu verstehen ist dieses Phänomen auf keinen Fall. Religiöse Tiefe muss eingesetzt werden, um ihm voll gerecht zu werden. Denn die Rückwirkung unseres Schlaflebens auf unser Blut kann nur in seiner Fülle verstanden werden, wenn wir uns meditativ auf Golgatha versetzen. Als Longinus mit seiner Mysterientat das Blut aus dem Leichnam Jesu befreite, wurde tatsächlich ein Saft vergossen, der mit den Worten Mephistos »ganz besonders« ist. Johannes berichtet, dass beim Lanzenstich mit dem Blut auch Wasser ins Fließen kam (Joh 19,32-34). Dieses Wasser indiziert, dass das Blut in dem gestorbenen Jesus nicht tot, sondern lebendig war. Es

66 Rudolf Steiner: »Die Ätherisation des Blutes« in: *Das esoterische Christentum und die geistige Führung der Menschheit*, GA 130, 6. Vortrag.

war ätherisiert.[67] Ein Mensch nun, der sich mit diesem lebendig gewordenen Blut verbindet, indem er zum Beispiel die Kommunion empfängt, wird auf eine andere Art in die Nacht gehen als jemand, der die Annäherung an Christus nicht sucht. Das ätherisierte Blut Christi geht auf uns über, indem wir seine Gegenwart spüren und erleben. Dieses neu durchleuchtete Blut unterrichtet aus dem rhythmischen System heraus, das sich in unserer Brust zentriert, unser Nerven- und Sinnessystem, das sich in unserem Haupt zentriert. Unser Denken ist dadurch in der Nacht, wenn es sein Bewusstsein verliert, geschützt. Umgekehrt ist auch unser Wille tagsüber geschützt, wenn er in der Nacht in der richtigen »Burg« war. Denken und Wollen wirken so in Wachen und Schlafen aufeinander ein. Tagsüber ist unser Denken wach, und unser Wille schläft. Nachts kehrt sich dieses Verhältnis um. Unser Denken schläft, aber unser Wille wird wachend eins mit dem Willensstrom, dem wir uns tagsüber am meisten verbunden gefühlt haben. So kann das ätherisierte Blut während des Tages unser Denken erleuchten: Nur indem geistig lebendige Strömungen aus der Herzregion in das Gehirn fließen, sind wir in der Lage, spiritualisierte Gedanken aufzunehmen. Außerdem kann das ätherisierte Blut während der Nacht unseren Willen lenken: wenn wir tagsüber, mit unserem schlafenden Willen, gut gehandelt haben, werden wir in der Nacht hellere Regionen betreten können. Das ist die allerzukünftigste Bedeutung der Gralslanze. Im übertragenen Sinne will sie nicht ausschließlich von einem einzigen Menschen in einem freilich alles entscheidenden Augenblick benutzt werden. Indem wir den Speer unseres zielvoll führenden Wollens in die Sphäre Christi bringen, das heißt, wenn wir unser Wollen so lenken, dass in unserem Herzen das

---

67 Judith von Halle: *Von den Geheimnissen des Kreuzweges und des Gralsblutes*, Dornach 2006, S. 68-71.

ätherisierte Blut fließen kann, wird die Lanze des Longinus zu einem heiligen Instrument auch in unserer Hand. Nah ist der Gott; innig möchte sein Blut von jedem ergriffen werden.

Die mysteriösen Wege des ätherisierten Blutes machen aus uns allen einen Longinus und zugleich einen Amfortas. Schlafende Wesen sind verletzlich. Dass unser Schlafen sich nicht beschränkt auf nächtliche Situationen, weist so auf ungeschützte Teile unseres Wesens hin. Unsere Zerbrechlichkeit ist tief angelegt. Wenn wir ernst nehmen, dass während des Tages unser Wille schläft und wir deswegen nicht vollbewusst bei dem sind, was in uns pulsierend wirkt, dann kann deutlich werden, wieso das Moralische in uns wahrlich zarter Natur ist und ständig die Neigung hat, ins Unmoralische abzugleiten. In unserer konstitutionellen Schwäche begegnen wir dem Amfortas in uns: »Warst Du nicht stark genug, eine einzige Stunde zu wachen? Wachet und betet, damit ihr nicht in Versuchung kommt. Der Geist ist zwar bereit, aber der Leib ist schwach« (Mk 14,37-38). Die Schlafwelten des russischen Dichters und der Märchenerzähler sind aus dieser Sicht die Projektion eines Willensschlafes in uns. Diese Welten möchten entzaubert werden. Aus den schlafenden Wirkensfeldern unseres Wollens sollen wir uns erheben, um in Milde zielvoll wirksam zu werden. Das wäre der Lanzenträger in uns. In diese beiden Richtungen weist das Geheimnis des Gralsblutes, und aus einem grandiosen Ahnen dieser Verhältnisse hat Richard Wagner sein letztes Werk in die Welt gebracht.

7 Lapsit exillis: Der aus dem Boot gefallene Fischerkönig

Als Parzival von seinem Onkel Trevrizent die Gralsunterweisung bekommt, wird seine Seele vor ein Rätsel gestellt, das bis heute einer Lösung harrt. Ihm wird erzählt, der Gral sei ein Stein und sein Name *lapsit exillis*.[68] Was wird ihm damit angesagt? Wolfram von Eschenbach, der diese kuriose Wortschöpfung als Erster in Anspruch genommen hat, liebt die Zweideutigkeit, aber über dieses Eine soll offensichtlich kein Zweifel bestehen: Wer in der Lage ist, diesen Namen zu ergründen, hat Zugang zu den eingreifendsten Erfahrungen, die es überhaupt gibt. In der Bedeutung dieses Wortes verbergen sich Weltentiefen. Diese Tiefen lassen sich aber nicht leicht erschließen. Das hat mit der sprachlichen Unmöglichkeit dieses Wortes selbst zu tun. Weil Wolfram hier eine Art Unlatein hervorbringt, gebietet er dem unmittelbaren Verstehen sofort Einhalt. Es darf daher nicht wundern, dass uns in der Exegese dieses Abschnitts verschiedene Erklärungsvarianten angeboten wurden. *Lapsit exillis* sollte eigentlich heißen: *lapsit ex caelis*, was »aus dem Himmel gefallen« bedeutet. Oder es sollte heißen: *lapis exilis*, was »schwacher, unscheinbarer Stein« bedeutet. Oder wir sollten lesen: *lapis erilis*, was schlichtweg »Stein des Herrn« bedeutet. All diese Deutungsvorschläge mögen, trotz ihrer Verzerrung des Originals, ihre Richtigkeit haben. Sie haben aber auch alle ihre Einseitigkeit, und gerade die hat Wolfram unverkennbar vermeiden wollen. Sehnsüchte nach Akribie helfen hier also nicht weiter. Es sollte von vornherein klar sein, dass uns in dieser Lektion der Wille zur Mehrdeutigkeit

68 Wolfram von Eschenbach: *Parzival*, Abenteuer IX, 469.

abverlangt wird. Diese Amphibolie ist von besonderer Art. Sie soll nicht so sehr flächendeckend, sondern eher flächenerzeugend sein. Denn *lapsit exillis* ist als Begriffstat nicht wie ein zweidimensionales Bild, sondern eher wie ein Hologramm zu betrachten. Es will unmittelbar in eine dritte, und sogar in eine vierte Dimension hineinführen. Wer dieses Wort auf diese Art hervorhebt, hört es erst richtig. Ein unmittelbarer Sinn lässt sich dann fast selbstverständlich vernehmen. Wer dafür Ohren hat, sollte auch hier hören. In dem uns holografisch entgegentretenden *lapsit exillis* leuchten zwei sich gegenseitig ergänzende Imaginationen auf: die einer Verirrung (Lapsus) einerseits, und einer Verbannung (Exil) andererseits. Der Gral wird nicht im Himmel gefunden. Erst in der geistigen Ausbürgerung findet er seine Heimat.

In dem Film *Apocalypse Now*, in den späten 1970er-Jahren von Francis Ford Coppola gedreht, werden diese Imaginationen in das ihr eigene Medium erhoben. Mehr als vierzig Jahre nach der Premiere hat dieses Meisterwerk nichts an Kraft eingebüßt. Jede Minute wird die abgründige Spannung gehalten. Der Film basiert auf der Erzählung *Heart of Darkness* von Joseph Conrad und folgt dem Buch in der Handlung ziemlich genau. Captain Willard, ein amerikanischer Offizier, gespielt von Martin Sheen, bekommt den Auftrag, im Dschungel Kambodschas den militärisch hochbegabten Colonel Kurtz aufzufinden, der angeblich seinen Verstand verloren hat. Der Vietnamkrieg wütet, und die amerikanische Armee kann sich keinen Eklat leisten. Als Willard mit seinen Männern in das Boot steigt, das ihn zu Kurtz fahren soll, ist schon deutlich, dass sich hier eine moderne Odyssee anbahnt. Aber nicht nach Hause, wie damals Odysseus, wird er segeln. Wo Ithaka war, soll Hölle werden. Dieses Abenteuer wird in die Wohnorte des Bösen führen. Als er Colonel Kurtz, herausragend dargestellt von Marlon Brando, tatsächlich auffindet, geht Willard auf, dass er es hier nicht mit einem Wahnsinnigen zu tun hat, sondern mit jemandem, der, in den Worten Nietzsches, einen fatalen Griff unter die Oberfläche getan hat und der seitdem weiß, welche Finsternisse unserer Wirklichkeit zugrunde liegen. Kurtz erweist sich als der moralische Aussteiger par excellence. Der Dschungel hat ihm offenbart, was jeder Mensch wissen kann, der diese Erkenntnis überhaupt erträgt: dass wir alle frei sind, das zu tun, was wir wollen – was auch immer dieses Wollen sei. Für ihn, Kurtz, läuft das auf die Organisation eines endlosen Gewaltexzesses hinaus, der keine Hemmungen kennt. Er kann dadurch in den Augen der Eingeborenen, die ihn mit Schrecken anbeten, nur als ein Gott erscheinen. Der Film endet mit den geflüsterten Worten des sterbenden Colonels, der mit seinem letzten Atem den Grund seines Wissens ausspricht – Worte, die mit einem Schlage alle bisherige Geschichte zum Kinderspiel reduzieren: »*The horror ... The horror ...*«

Es mag weit hergeholt erscheinen, dieses Vermächtnis, das aus den mexikanischen Mysterien heraus gesprochen sein könnte, mit mittelalterlicher Esoterik in Verbindung zu bringen. Immerhin kommt der *lapsit exillis* erst hier in sein ureigenes Element. Als Trevrizent das alchemistische Steingeheimnis zu erklären versucht, verweist er auf den Fischerkönig Amfortas, der krank in der Gralsburg liegt und angesichts dieses Mysteriums nicht sterben kann. In dieser Begebenheit haben wir den höchst seltenen Vorfall vor uns, dass in einer Epoche, dem Mittelalter, schon eine spätere, die Moderne, vorweggenommen wird. Dabei geht es um viel mehr als schlichtweg eine Vorbereitung. Die Wege von Amfortas und Kurtz sind ähnlicher, als ihre Trennung in der Zeit vermuten lässt. Sie haben beide entdeckt, dass in dem großen Abseits die Quelle allen Tiefsinns liegt. Sie haben ihre Freiheit ernst genommen und nach ihr gehandelt. Dass wer groß denkt, auch groß irren muss, ist für sie kein moralisches, sondern höchstens ein unbequemes Problem. Diese Unbequemlichkeit nehmen sie aber hin, Amfortas gezwungen von seiner Wunde, die ihn dahinsiechen lässt, und Kurtz gezwungen von der inneren Konsistenz, die ihm im Herzen der Finsternis begegnet ist – vielleicht wird sich eines Tages sogar herausstellen, dass dies nur die zwei Seiten derselben Medaille sind. Wie dem auch sei, sie bezahlen auf jeden Fall den gleichen Preis für ihre dunkle Erleuchtung, nämlich die Verbannung aus einer Menschenordnung, die sich weigert, unter die Oberfläche zu greifen, und es lieber vorzieht, dumpf in Illusion und Mittelmäßigkeit zu verharren. Moralische Urteile sollen da nicht zu leicht gefällt werden. Denn was hier auf dem Spiel steht, ist am Ende nichts weniger als das Ziel aller irdischen Entwicklung: die menschliche Freiheit, und wie sie sich darlebt. Hier zeigt sich ein für allemal, wie völlig unsentimental unsere Schöpfung wohl angelegt ist. Denn was wäre eine Freiheit, die sich lahm beschränkt auf das, was der gemeine Sinn gedankenlos »das Gute« nennt? Amfortas wählt die unkeusche Minne, Kurtz die Enthüllung der Grausamkeit. Das ist bestimmt »nicht gut«. Aber gerade darin sind sie wahrhaft Mensch! Sie sind beide der Inbegriff dessen, was es heißt, sündenkrank zu sein. Sie sind fiktiv und nicht fiktiv zugleich. Sie zeigen in künstlerischer Darstellung, was uns früher oder später allen abgefordert wird: uns selbst zu erkennen als das Produkt eines beispiellosen Experiments von Göttern, die in der menschlichen Freiheit schauen wollten, zu welchen Abirrungen ihre Kreatur in der Lage ist, in der Hoffnung, dass damit die Heilsgeschichte nicht unheilvoll zu einem Ende kommt, sondern im Gegenteil ein Neuanfang errungen wird, der schließlich sogar diesen Göttern den Weg weisen soll aus Sackgassen, in die auch sie durch Äonen hindurch hineingeraten sind.

Spätestens an dieser Stelle wird deutlich, wieso der Gralswissenschaft des 20. Jahrhunderts eine Philosophie der Freiheit vorangehen musste. Haben wir denn wirklich schon verstanden, was der eigentliche Zustand der Menschheit am Ende des 19. Jahrhunderts war? Das Alte hatte endgültig ausgedient und zog seine stützende Kraft zurück. Nichts würde danach noch so sein, wie es vorher war. Es ist bestimmt kein Zufall, dass gerade in dieser Zeit eine Umwertung aller Werte unternommen wurde. Wie bei Judas gilt auch hier: Hätte Friedrich Nietzsche den Versuch nicht angestellt, dann hätte ein anderer die Aufgabe übernehmen müssen. Geschehen musste aber unbedingt im theoretischen Vorfeld, was im nächsten Jahrhundert welthistorische Praxis wurde. Der Mensch hatte zu lernen, ohne irgendwelche vom Himmel heruntergesandte Moralität, nur segelnd auf dem inneren Kompass, am eigenen Abgrund entlangzufahren. Darin drückte sich eine alte Sehnsucht der höheren Welten aus, die schon vor Jahrtausenden, in der Gestalt Krishnas, nach einer Menschheit Ausschau hielt, die selbst ihre Moralität begründet: »Wer jenseits von Gut und Böse ist, und die Liebe hat – der ist mir lieb.«[69] Diese Worte, die irgendwann tief in der Seele von Paulus ertönt sein müssen, finden bei ihm einen Widerhall in der Aussage: »Denn ihr seid zur Freiheit berufen, ihr Brüder« (Gal 5,13).[70] – Ein Satz, den Karen Swassjan nach siebzehn Jahrhunderten kirchlichem Dogmatismus und Fanatismus berechtigt kommentiert mit dem Seufzer: »An welchem falschen Instrument wurden eigentlich diese Jahrtausende gestimmt!«[71] Das

69 Baghavad Gita 12,17.

70 Text nach der Zürcher Bibel.

71 Karen Swassjan: *Das Abendmahl des Menschen: Zum hundertsten Geburtstag der »Philosophie der Freiheit«*, Dornach 1993, S. 39. Für den

schwer hinzunehmende Wort Nietzsches, dass Gut und Böse nicht ohne Weiteres deckungsgleich sind mit Gut und Schlecht, der grandiose und letztendlich unausweichliche Wurf also in das Ungeheure einer bodenlosen Ethik, war aus dieser Sicht ein Geschenk, das nicht aufhörte sich selber zu geben: Hat der tanzende Wanderer nicht mit Recht behauptet, dass er die Geschichte der nächsten zwei Jahrhunderte schreibe? In dieser geschichtlichen Situation, die immer noch mit dem Stichwort »Nihilismus« auf den Punkt zu bringen ist, stehen wir alle fest oder weniger fest drinnen.[72] In diesem Sinne sollte auch die *Philosophie der Freiheit*, verstaubt wie dieses Traktat manchmal erscheint, nicht verharmlost werden. Dieses Buch, das in seiner verbreiteten Ungelesenheit den wichtigsten Teil seiner Rezeptionsgeschichte immer noch mehr vor als hinter sich hat (vergessen wir nicht, wie viele lange Jahrhunderte die Metaphysik des Aristoteles brauchte, um in der ihr gebührenden Anerkennung anzukommen), bleibt ein Markstein aller künftigen Freiheitserfahrung. Diese Erfahrung wird später nicht gefährlicher kommen als im 19. Jahrhundert. Unterschätzen wir nicht, welche Abgründe sich dem Verfasser dieses ruhigen und scheinbar trockenen Buchs aufgetan haben. Mit Arjuna und Nietzsche war auch Rudolf Steiner damals völlig jenseits von Gut und Böse. Ein Absturz lag auch für ihn durchaus im Bereich des Möglichen. Die Quelle aller Freiheit wird hier dargestellt als moralische Phantasie, beziehungsweise als ihr Geschöpftsein aus geistigen Intuitionen. Dabei wurde zum ersten Mal in der Geschichte klargestellt, dass wahre Freiheit nicht heißt: tun, was man will, was auch Luther und

---

Hinweis auf den Arjuna-Paulus Zusammenhang danke ich Franco Mosca.

72 »Was ich erzähle, ist die Geschichte der nächsten zwei Jahrhunderte. Ich beschreibe, was kommt, was nicht mehr anders kommen kann: die *Heraufkunft des Nihilismus*.« Friedrich Nietzsche: *Nachgelassene Fragmente 1887-1889*, Kritische Studienausgabe Bd. 13, S. 189.

Schopenhauer schon deutlich war, sondern eher: wollen, was man will, wobei dieser erste, willensbestimmende Wille intuitiv aus jenseitigen Welten herausgeholt werden muss. »Wer mich liebt, folge mir« – dieses Wort steht gleichsam am Türpfosten dieses Buches geschrieben. Es spricht für sich – wenn nicht aus allen Worten und Taten, die dieser Philosophie der Freiheit hinterherkamen, dann bereits aus den gut gelesenen Zeilen dieses Buches selbst –, zu wem der Denker seine Liebe gesandt und wem er die Treue gehalten hat. Aber machen wir uns nichts vor: Im Geiste wirkt nicht nur der Erlöser, sondern walten auch andere Wesenheiten, die genauso um unsere »Liebe« und Gefolgschaft bitten. Nicht nur Christus kann in Freiheit nachgefolgt werden! Das Beispiel von Colonel Kurtz, der im Dschungel Kambodschas eine Phantasie und Intuitionen anderer Art entwickelt, erscheint da symptomatisch für alle, die seit dem 15. Jahrhundert der Moderne angehören: »Bei allen Menschen liegen im Unterbewusstsein seit dem Beginne der fünften nachatlantischen Periode die bösen Neigungen, die Neigungen zum Bösen. – Ja, gerade darinnen besteht das Eintreten des Menschen in die fünfte nachatlantische Periode, in die neuzeitliche Kulturperiode, dass er in sich aufnimmt die Neigungen zum Bösen. Radikal, aber sehr richtig gesprochen, kann folgendes zum Ausdrucke gebracht werden: Derjenige, der die Schwelle zur geistigen Welt überschreitet, der macht die folgende Erfahrung: Es gibt kein Verbrechen in der Welt, zu dem nicht jeder Mensch in seinem Unterbewusstsein, insofern er ein Angehöriger der fünften nachatlantischen Periode ist, die Neigung hat.«[73] Mit dieser schrecklichen Wahrheit müssen wir alle zurechtkommen, auch die vielen Millionen, die nie eine Zeile Steiner gelesen haben. Irrend im irdischen Exil,

73 Rudolf Steiner: *Geschichtliche Symptomatologie*, GA 185, Dornach 1982, 5. Vortrag, S. 110.

verbannt in unsere boshaften Neigungen, fängt unser Streben an. Das bedeutet, Mensch zu sein. Das will *lapsit exillis*, als himmlische und infernalische Wahrheit zugleich, kryptisch zum Ausdruck bringen.

1902 lagen in den europäischen Buchläden zwei Bücher, die wie ein Startschuss das neue Jahrhundert einläuteten. Das eine war in England erschienen und hieß *Heart of Darkness*. Das andere erschien in Deutschland und hieß *Das Christentum als mystische Tatsache und die Mysterien des Altertums*. Beide Bücher hatten in ihren jeweiligen Verfassern vor der Veröffentlichung intensivst gelebt. Sie waren keine Frühgeburt. Sie kamen zur rechten Zeit zur Welt. Ein erschütterter Blick auf das Kreuz von Golgatha – wer ist dazu noch in der Lage – sollte ausreichen, um zu wissen, dass diese beiden Titel einander nicht widersprechen. Wir wissen jetzt, dass die Gralsperle nicht »in unserem Tageslicht« leuchtet, wie es in der Menschenweihehandlung heißt, sondern dass wir im Gegenteil in »nachtbedeckte, kalte Finsternis«[74] verwiesen sind, um sie aufzufinden. Wir sind inzwischen mit vielen schwarzen Wassern gewaschen. Im Dunkel haben wir tatsächlich unsere Heimat gefunden. Aber nach zwölf Jahrzehnten Mist, Verwirrung und viel Schlimmerem, nachdem die Massen am Leibe erfahren mussten, was das heißt, der Horror, sollte es doch endlich an der Zeit sein herauszufinden, mit welchem Buch wir uns denn auf den Weg machen wollen. Niemand wird uns anhalten, wenn wir das eine oder das andere wählen. Die Enthemmung ist schon längst geschehen. An uns ist die Entscheidung.

---

74 Rudolf Steiner: *Esoterische Unterweisungen für die erste Klasse der Freien Hochschule für Geisteswissenschaft am Goetheanum*, GA 270 I, Dornach 1999, 1. Vortrag, S. 4.

8 Der Kampf um die Weltenmitte

In seiner Ethik legt Aristoteles dar, dass das denkbar Höchste im Leben die *Eudaimonia* sei: das Glück. Dieses Wort sollte man nicht sentimental nehmen. Glück ist für Aristoteles keine Gemütlichkeit, sondern eine ernste Lebensaufgabe. Schon das griechische Wort für Glück, *eudaimonia*, deutet dies an. Es bedeutet nämlich wörtlich »gut umgeistert sein«, »mit guten Geistern zu tun haben«. Sich nur auf gute Geister einzulassen, war auch für einen Griechen in der Antike – für den die Dämonie des 20. und 21. Jahrhunderts noch ein weit entfernter Albtraum war – nicht leicht zu erreichen. Aristoteles formulierte die Richtlinien für ein Leben, in dem die guten Geister des glücklichen Lebens zu finden seien. Seine Ethik ist letztendlich nichts anderes als ein Handbuch zur Herstellung eines guten Lebens, was für ihn heißt: ein Handbuch zur Herstellung eines guten Verhaltens. Glück und das richtige Verhalten sind für Aristoteles eins: Ein Mensch, der sich schlecht benimmt, wird niemals glücklich sein können. Nur die Tugend macht glücklich. Dabei ist das Wichtigste für ihn, dass der Mensch in allem die Mitte findet. So ist die Tapferkeit, zum Beispiel, die Mitte zwischen Feigheit und Übermut. Die innere Wahrhaftigkeit nennt er die Mitte zwischen Angeberei und falscher Bescheidenheit. Geistreich in der Unterhaltung zu sein ist für ihn eine Mitte zwischen Plattheit und Tollpatschigkeit. Genauso ist Freundlichkeit eine Mitte zwischen Schmeichelei und Unhöflichkeit, und Freigebigkeit eine Mitte zwischen Verschwendung und Geiz.[75] Damit ist für Aristoteles klar, dass die Tugend ein Gleichgewicht zwischen Extremen

75 Aristoteles, *Ethik*, 1108a.

ist. Der Mensch, der dies zur Maxime seines Handelns machen kann, wird sich gut verhalten können. Weil gerade dies der Weg zum Glück ist und kein vernünftiger Mensch unglücklich sein will, wäre es töricht, nicht die Mitte zu suchen. Im klassischen Altertum gilt nach Aristoteles, dass Weisheit und das Finden einer Mitte zusammengehören.

Wo die Mitte bedroht wird, wird die Weisheit bedroht. In einer Zeit, die viel mit Bedrohungen zu tun hat, wäre dies eine zeitgemäße Form des Aristotelismus. Wo die Mitte verschwindet, kann die Weisheit nicht mehr gedeihen: nicht die Mitte zu wollen ist das Los der Unglücklichen. Das kann ein klärendes Licht auf unsere Zeit werfen. Denn es ist keine Übertreibung, wenn gesagt wird, dass die Geschichte des 20. Jahrhunderts einen Mitteverlust darstellt, der in der Weltgeschichte keinen Vergleich hat. Das ist nicht einmal nur seelisch gemeint. Das Ende des Zweiten Weltkrieges hat dies auch politisch in einem krassem Sinnbild vor Augen gebracht: Die Berliner Mauer war Ausdruck der Tatsache, dass zwischen Ost und West keine Mitte mehr zu finden war, sondern nur eine Grenze, sogar eine militärisch bewachte. Dieser Verlust der Mitte hatte nicht nur große Folgen – die sich keineswegs mit dem »Kalten Krieg« erschöpft haben –, sondern auch große Ursachen. Im 20. Jahrhundert hat Rudolf Steiner erneut auf die Wichtigkeit der Mitte hingewiesen, sogar auf viel grundlegendere Art, als Aristoteles es damals konnte. Er stellt mehrmals dar, wie Ost und West nicht nur Windrichtungen sind, sondern auch Wirkmöglichkeiten für gewisse Geister, die er die luziferischen und die ahrimanischen nennt. Er sagt: »Überall drüben im Osten finden wir bei sehr vielen Menschen, welche dort inkarniert sind, dass sie etwas durchzumachen haben in der Welt des Luziferischen. Und im Westen finden wir nach der weisen Weltenlenkung überall die Seelen eingetaucht in das ahrimanische Element. Am stärksten finden wir das in Amerika.«[76] – Dass seit den 1940er-Jahren der Repräsentant des Westens, Amerika, einen Grenzübergang in Berlin hatte, *Checkpoint Charlie*, ist aus dieser Sicht keine historische Bagatelle. An der Berliner Mauer haben sich unsere luziferischen und ahrimanischen Gegner einander ein halbes Jahrhundert lang ungebremst die Hände reichen können. Die Mitte war ausgelöscht.

Das war lange vorbereitet, sogar mehr als tausend Jahre lang. Um die Genese der Berliner Sackgasse zu verfolgen, müssen wir in Zeiten zurückgreifen, in denen Religion und Politik noch nicht getrennt waren. Denn wir sollten nicht vergessen, dass die Trennung zwischen Ost und West, die sich im vorigen Jahrhundert als Mauer materialisiert hat, ursprünglich eine kirchenpolitische Angelegenheit war, mit einem tiefsinnigen theologischen Streit als Ausgangspunkt. Die Frage, die damals zur Trennung zwischen Ost- und Westkirche geführt hat, könnte heute abstrakt und unbedeutend erscheinen. Sie war aber hochbedeutend. Es handelte sich darum, ob der Heilige Geist seinen Ausgang nur vom Vater nimmt, wie die östlichen Prälaten behaupteten, oder auch vom Sohne, was die Ansicht der westlichen Kirchenbehörden war. Die römische Kirche wollte in ihr Credo das *filioque* aufnehmen, was »auch vom Sohne« bedeutet, und die byzantinische wollte dies nicht. Wir verstellen uns einen Zugang zur Brisanz dieser Problematik, indem wir das Wesen der Trinität verkennen. Denn wer anerkennt, dass mit dem Vater das gebende Prinzip angedeutet ist und mit dem Sohn das schöpferische Prinzip, und wer außerdem einsehen kann, dass mit dem Heiligen Geist das Wesen der Erleuchtung einen Mysteriennamen erhalten hat, der weiß, dass die Grundfrage, mit der die Kardinäle

---

76 Rudolf Steiner: *Das Geheimnis des Todes: Wesen und Bedeutung Mitteleuropas und die europäischen Volksgeister*, GA 159, 15.5.1915.

und Patriarchen damals rangen, keine geringere war als diese: Ob Erleuchtung, dass heißt Erkenntnis, Weisheit, naturgegeben ist oder ob sie errungen, erworben, zu eigen gemacht werden muss.[77] Die östlichen Geistlichen haben aus einem Zug heraus, den Rudolf Steiner luziferisch nennen würde, gemeint, dass Weisheit von selbst kommt; die westlichen haben verteidigt, dass wahre Erkenntnis nur möglich ist, indem wir uns mit der Kraft verbinden, die durch Tod und Auferstehung gegangen ist. Beide Parteien konnten sich nicht einigen und ihre Wege haben sich im Laufe des 10. Jahrhundert immer weiter getrennt, was zum endgültigen Schisma der Ost- und Westkirchen im 11. Jahrhundert führte.

Wir dürfen heute sagen, dass die Theologen des Westens damals recht gehabt haben; oder zumindest, dass sie einen Weg geöffnet haben, der fortschrittlich war. Denn die Zeit der naturgegebenen Gedanken war tatsächlich vorüber. Für die griechischen Philosophen hatte noch in hohem Maße gegolten, dass sie nicht die Produzenten ihrer eigenen Gedanken waren. Der Grieche lebte in einer Gedankensubstanz, die nicht ihm gehörte. Er hat die Weltgedanken wahrnehmen können und sie dann als Philosophie verfasst. Seit dem Mittelalter aber kam die kosmische Intelligenz immer mehr bei den Menschen an, sodass der Denker die berechtigte Überzeugung haben konnte, selber Schöpfer seiner Gedanken zu sein. Es war die Mission des Westens, die Voraussetzungen dafür zu schaffen, dass der Mensch bei seiner Menschlichkeit ankommen konnte. Die Moderne ist gerade darum modern, weil die Menschheit seit dem 15. Jahrhundert in der Tat definitiv über ihre eigenen Gedanken verfügt und damit auch über ihre eigenen freien Willensentschlüsse. Im Osten wollte man den Menschen nicht in eine solche Freiheit entlassen.

77 Alfred Schütze: *Vom Wesen der Trinität*, Stuttgart 1980, S. 130.

Vielleicht haben die östlichen Würdenträger nicht ganz unberechtigt geahnt, dass damit gewisse Gefahren verbunden waren. Wenn man den Menschen bei dem vorhandenen, naturgegebenen Geist hält, kann er auch nicht vom Geiste abfallen.

Gerade das ist natürlich im Westen eingetreten, und damit ist die Geschichte tragisch geworden: Der ganze Filioque-Disput wurde für den Westen zu einem Streit mit gutem Vorsatz, aber mit fatalem Ergebnis. Denn schon ziemlich schnell wurde klar, dass die westliche Kultur ihren eigenen Bestrebungen nicht gerecht werden konnte. In der modernen Philosophie kam eine Subjekt-Objekt-Unterscheidung auf, die ohne ein auf sich selbst gestelltes Bewusstsein – ohne das, was mit dem Einfügen des *filioque* in das abendländische Credo veranlagt war – nie hätte zustande kommen können. Mit dieser Unterscheidung ging aber auch eine Veräußerlichung der Welt einher. Die Weltgedanken wurden stumm, die Welt erschien als materiell. Der westliche Mensch war berufen, diese stumme Stille mit eigener Tätigkeit zu ersetzen, damit durch die Sohneskraft in seiner Seele eine neue Weisheit errungen werden konnte. Dies aber kam nur halb zustande. Die Scholastik, die mitteleuropäische Mystik und der deutsche Idealismus waren grandiose Anfänge, die bald von einer Naturwissenschaft übertönt wurden, die sich nicht geistig ergänzen ließ. Rudolf Steiner sprach in diesem Zusammenhang von zwei Arten der Dogmatik, die sich geltend machten.[78] Die erste ist das »Dogma der Offenbarung«. Ein Dogmatiker dieser Art meint, dass der Mensch nur durch das belehrt wird, was ihm offenbar gemacht wird; das heißt durch dasjenige, was ihm aus der geistigen Welt gegeben wird. Diese Dogmatik ging aus dem

---

78 Rudolf Steiner: *Grundlinien einer Erkenntnistheorie der Goetheschen Weltanschauung*, GA 2, Kapitel 14; siehe auch Rudolf Steiner: *Weltsilvester und Neujahrsgedanken*, GA 195, 5. Vortrag.

byzantinischen Standpunkt im Filioque-Streit hervor. Die andere Art nennt er das »Dogma der Erfahrung«. Der Mensch geht in dieser dogmatischen Haltung davon aus, dass ihn nur die äußere Erfahrung belehren kann. Diese Dogmatik ist die westliche, die sich in der Naturwissenschaft auslebt: Was sich nicht meinen Sinnen darbietet, ist unerkennbar. Dass damit ein Rückfall in die Vatersphäre verbunden war, also eine Verleugnung des *filioque*, wurde kaum wahrgenommen; aber sinnliche Erfahrungen sind gegeben, nicht erworben, und gehören damit als solche nicht der Sohnessphäre an. Diese zwei Arten der Dogmatik sind grundverschieden, aber eines haben sie gemeinsam: Sie sprechen beide dem Denken die Kraft ab, selbst Lehre zu sein, statt bloß belehrt zu werden. Georg Wilhelm Friedrich Hegel soll einmal gesagt haben, als ihm vorgeworfen wurde, dass sich sein Denken nicht an die Tatsachen hielt: »Umso schlimmer für die Tatsachen.« Dies nur als Anekdote zu nehmen wäre ein Unrecht. Denn Hegel hat hier mit Humor die tiefe Wahrheit ausgesprochen, dass das Denken selber schöpferisch und in diesem Sinne auch souverän sein kann. Dieses sich selbst betätigende, warm in sich selbst ruhende Denken war das, was im Filioque-Streit auf dem Spiel stand. Über die Wichtigkeit dieser Angelegenheit sollen wir uns darum nicht täuschen. Denn nur durch ein Denken, das aus der Sohneskraft heraus tätig ist, kann eine Weisheit errungen werden, die die Erfahrungen, die Wahrnehmungen, als eine Seite der Sache betrachtet und nicht als das Ganze; nur dieses Denken wird in der Lage sein, beweglich, wirkend, schaffend ins Innere der Dinge einzudringen. Wird dieses Denken nicht errungen, dann kann also die Äußerlichkeit der Welt, die sich mit der Moderne mächtig aufbäumte, nicht überwunden werden und kann die Welt nur als materiell vorgestellt werden.

In seinem Römerbrief sagt Paulus: »Ihr habt ja nicht einen Geist der Knechtschaft empfangen, so dass ihr wieder Angst haben müsstet, sondern ihr habt empfangen den Geist der Sohnschaft, der uns rufen lässt: Abba, du Vater!« (Röm 8,15) Nur ein Mensch, der die Sohneskraft in sich aufnimmt, kann den Weltengrund mit Recht als Vater ansprechen. Ein Dogmatiker denkt unter einer Knechtschaft: Er ist entweder östlich an die Offenbarung oder westlich an die sinnliche Erfahrung gebunden; sein Denken ist nicht frei. Für Aristoteles entsteht die Tugend in der Mitte: Weise ist, wer nicht die Extreme aufsucht. Der Sohn ist die Mitte der Trinität. Aus seiner Mitte entstehen so bis heute Freiheit und Erleuchtung, Tugend und Weisheit.

9 Das Jesusmysterium im Seelenkalender Rudolf Steiners

Vierundzwanzig Jahrhunderte trennen die Sprüche Heraklits von dem Seelenkalender Rudolf Steiners. In gewissem Sinne hätten es auch vierundzwanzig Tage sein können. Denn beide Schöpfungen quellen hervor aus genau den gleichen Tiefen, die wir bequemerweise Ewigkeit oder, griechisch und genauer gesagt, den Logos nennen. Heraklit hat seine Sprüche seinerzeit begraben am Fuß des Heiligtums in Ephesus. Wer den Wochensprüchen Steiners früh im Leben begegnet (was in anthroposophisch ausgerichteten Inkarnationen seit der zweiten Hälfte des 20. Jahrhunderts öfter der Fall ist), wird wahrscheinlich etwas in sich verspüren, das zugleich eine Art Einladung darstellt: die Neigung nämlich, auch diese Sprüche zu begraben, und zwar im eigenen Innern. Wo denn sonst sollten diese geheimnisvollen, schwer zu ergründenden Inhalte zur Reife kommen? Nur in der getreuen, täglichen Wiederholung geben diese Meditationen ihre Mysterien preis. Umso erstaunlicher wird es daher mit den Jahren werden, dass Rudolf Steiner diese vorsokratisch anmutenden Mantras, die ein Leben brauchen, um voll aufgenommen zu werden, wie in einem Guss aufs Blatt gebracht hat, in vermutlich nicht mehr als einigen Tagen, in München Ende Februar 1912.[79] Dass diese Tage und Stunden einer kaum zu überbietenden Kreativität mit seinem eigenen Geburtstag zusammenfielen, ist sicherlich nicht ohne Bedeutung. Aber mehr noch als diese Tatsache, die in sich schon auf etwas Festliches hinweist, sind

79 Peter Selg (Hrsg.), *Rudolf Steiner: »Seelenkalender« in der Fassung der Handschrift*, Arlesheim 2013, S. 7.

die esoterischen Umstände oder besser gesagt Verwicklungen von Bedeutung, in denen dieses Meisterstück erschaffen wurde. Zurzeit des Zustandekommens seines Seelenkalenders stand der okkulte Stern Steiners in seinem Zenit. 1910 hatte die Geheimwissenschaft gebracht und die ersten Verkündigungen des ätherischen Wiederkommens Christi.[80] Im Oktober 1911 wurden in Karlsruhe die Geheimnisse der Auferstehung kundgetan mit einer Sicherheit und Tiefe, die seit dem ersten Korintherbrief in der Geistesgeschichte nicht mehr dagewesen war und die auch Paulus an Klarheit und Denkkraft eindeutig übertraf.[81] Im gleichen Monat, fast nebenbei, wurde der bedeutsame Vortrag über die Ätherisation des Blutes gehalten.[82] Im November 1911, einen Monat später, wurde in Berlin über die Entstehung des Bösen gesprochen mit einem kosmischen Ausmaß, das sich in zwei Jahrtausenden nicht erschöpfen wird.[83] In der Öffentlichkeit – rechnen wir die Vorträge für Mitglieder der Theosophischen Gesellschaft der Einfachheit halber dazu – war darüber schlichtweg nie zuvor, und sei es nur irgendwie annähernd, gesprochen worden. Im Dezember 1911, noch einmal einen Monat später, sprach Rudolf Steiner in Hannover über den Sündenfall mit einer Präzision des Hellsehens, die nur im Buch Genesis ihresgleichen hat und die dazu – auch Moses eines Besseren belehrte.[84] Seien wir uns also klar darüber: Am Anfang des 20. Jahrhunderts trat in Deutschland ein Mann auf, der innerhalb

80 Rudolf Steiner: *Das Ereignis der Christus-Erscheinung in der ätherischen Welt,* GA 118.

81 Rudolf Steiner: *Von Jesus zu Christus,* GA 131.

82 Rudolf Steiner: *Das esoterische Christentum und die geistige Führung der Menschheit,* GA 130.

83 Rudolf Steiner: *Die Evolution vom Gesichtspunkte des Wahrhaftigen,* GA 132.

84 Rudolf Steiner: *Die Welt der Sinne und die Welt des Geistes,* GA 134.

von wenigen Wochen Moses und Paulus zur Sekundärliteratur herabstufte. In dieser singulären Mischung von schauender Genialität und welthistorischer Menschheitsmission trat der Seelenkalender in Erscheinung.

Die Verwicklungen, die das Zustandekommen des Seelenkalenders begleiteten und im Verborgenen sogar notwendig machten, hatten zu tun mit einem allesentscheidenden Disput über das angebliche Wiedererscheinen eines Gottes im Fleische. In ihrem aus unserer heutigen Sicht nur als Getümmel einzustufenden Dilettantismus hatten die Theosophen von der Prägung Annie Besants ersonnen, dass ein »Weltlehrer« die Bühne betreten würde, der im Geistesrang dem inkarnierten Christus gleichkäme. In dem jungen Knaben Jiddu Krischnamurti, von C. W. Leadbeater an einem Strand in Indien nicht unrichtig geschaut als einen Menschen mit einer hervorragenden Aura, hatten sie ihre Phantasmagorien vor aller Welt sinnlich tastbar gemacht. Für Rudolf Steiner war damit das Ende eines Martyriums erreicht und (obwohl das auf einem anderen Blatt stehen sollte) unmittelbar auch der Anfang eines neuen Leidensweges gegeben. Das Martyrium war seine zwar freiwillige, aber immerhin sehr unbequeme Liaison mit der Theosophischen Gesellschaft. Der neue Leidensweg sollte heißen: Anthroposophische Gesellschaft.[85] Hierin lag überhaupt keine eherne Notwendigkeit. Die unglückliche Beziehung zwischen Steiner und den Theosophen stand nicht in den Sternen geschrieben. Es hätte auch anders kommen können. Wenn wir uns vor Augen führen, dass es die karmische Aufgabe Karl Julius Schröers gewesen ist, Goethe aus seinem dichterischen Bann zu befreien und sein Erbe ins Geisteswissenschaftliche zu heben, damit den Weg bereitend in

---

85 Für eine gute Übersicht dieser Begebenheiten, siehe Thomas Meyer, *Scheidung der Geister*, Basel 2010.

Imagination, Inspiration und Intuition, das Ganze konsequent durchgehalten bis zu den Bauformen des ersten Goetheanums hin, dann wird uns deutlich werden, in welchem Vakuum Rudolf Steiner am Anfang seines Wirkens zu operieren hatte. Sein Lehrer hatte seine Aufgabe nicht ergreifen können.[86] Der Preis war die Notlösung, die halt in der Gestalt der Theosophischen Gesellschaft kam. Das kam 1912 an ein Ende, und dieses Jahr kann damit gelten als die endgültige – weil jetzt nicht nur innerliche – Emanzipation Rudolf Steiners. Dass diese Befreiung zutiefst mit den göttlichen Inkarnationsgeheimnissen zusammenhing, ist kein Detail in dem Gezänk eines marginalen Geistesklubs. Welten haben sich hier bewegt. Das 20. Jahrhundert sollte sich als der historische Ort der zweiten Wiederkunft Christi erweisen. Dass damit auch neues Licht auf das Jesusmysterium fallen würde, war im Nachhinein nur »logisch« – im wahrsten Sinne des Wortes. Wie dieses Licht aber fallen sollte, das musste innerhalb der Theosophischen Gesellschaft errungen werden. Dem Seelenkalender ist nur aus dieser Geisteslage voll gerecht zu werden.

So war es Rudolf Steiner vergönnt und auferlegt, die Jesusmysterien aufzuhellen. Da hatte er, noch bevor der Irrsinn in Adyar bei Madras publik geworden war, bereits Großartiges geleistet. Schon 1909 hatte er das unergründliche Geheimnis gelüftet, dass es sich bei den himmlischen Ereignissen in Palästina nicht

86 »In Schröer zeigte sich das Zurückschrecken vor der Intellektualität. Hätte er die Intellektualität erreicht und sie vereinigen können mit der Spiritualität des Plato: Anthroposophie wäre gekommen.« Rudolf Steiner: *Esoterische Betrachtungen karmischer Zusammenhänge IV*, GA 238, Vortrag vom 23.09.1924. Diese Worte wurden – mit tragischer Bedeutsamkeit – gesprochen am Ende des letzten vollständigen Vortrages, den Rudolf Steiner überhaupt gehalten hat. (Für die Aufgabe Schröers, die Anthroposophie zu entwickeln bis in die Architektur hinein, siehe Thomas Meyer: *Rudolf Steiners »eigenste Mission«*, Basel 2009, S. 115.)

um einen Jesus, sondern um zwei gehandelt hat.[87] In dem einen Jesus, dessen Geschichte im Matthäusevangelium beschrieben wird, war der Stern des Zarathustra wieder auf Erden erschienen. In dem anderen Jesus, dessen Weg nach Golgatha führen würde, war eine »Himmelsseele« erschienen, die vorher keine irdischen Verkörperungen gehabt hatte.[88] Das urchristliche Bild des Kindes im Stall von Bethlehem, nur gegeben im Lukasevangelium, legt von diesem göttlichen Tropfen Zeugnis ab. Weil der Stammbaum im Matthäusevangelium zurückführt auf Salomon[89], der Stammbaum im Lukasevangelium aber auf seinen Halbbruder Nathan[90], ist es üblich geworden, diese Wesenheit mit dem Namen »nathanische Seele« zu belegen.[91] Aus geistiger Sicht ergibt sich daraus die Frage, wie es diesen zwei Wesenheiten dann wohl ergangen sein möge. Von dem »Zarathustra-Jesus« vernehmen wir, dass er jung starb, danach untertauchte in den anderen Jesus, der damals zwölf Jahre alt war, um dann, kurz vor der Jordantaufe, die Hüllen Jesu zu verlassen, sie dem Christus als leeres Gefäß überlassend.[92] Diese Entelechie ist danach ihren Weg weitergegangen, sich jedes Jahrhundert immer wieder inkarnierend unter dem Namen »Meister Jesus«.[93] Wie es der anderen Jesusindividualität nachher ergangen ist, der rein himmlischen nathanischen Seele, darüber hat Rudolf Steiner nicht in

---

87 Rudolf Steiner: *Das Lukas-Evangelium*, GA 114.

88 Emil Bock: *Kindheit und Jugend Jesu*, Stuttgart 1956.

89 Mt 1,6.

90 Lk 3,31.

91 Peter Selg: *Die Leiden der nathanischen Seele*, Arlesheim 2014.

92 Rudolf Steiner: *Aus der Akasha-Forschung. Das Fünfte Evangelium*, GA 148, 5.10.1913.

93 Siehe »Die Mission des Meisters Jesus im Jahreslauf«, in Sergej O. Prokofieff: *Der Jahreskreislauf als Einweihungsweg zum Erleben der Christus-Wesenheit*, Stuttgart 1996, S. 206-213.

aller Eindeutigkeit gesprochen. Hier sollen wir offensichtlich unseren eigenen Ahnungen Geistesraum verleihen. Darin liegt keine Überheblichkeit, sondern nur die nicht zu umgehende Beauftragung, das eigene Denken als lebendig umhertastend zu aktivieren. Eine der ersten Ahnungen, die hier aufgehen können, ist, dass die nathanische Seele sich nicht zusammen mit dem Ich des Zarathustra, sondern allein mit dem Christus selber inkarniert hat. Das würde heißen, dass dieses »nathanische Ich« sich nicht mit einundzwanzig Jahren, was menschenkundlich zu erwarten wäre, sondern erst mit dreißig Jahren vollständig freigesetzt hat und also nur in der Zeit zwischen Jordantaufe und Himmelfahrt wahrlich auf Erden war. Die Jordantaufe wäre dann der Einzug nicht nur des Christus in Jesus, sondern mit ihm, als sein integraler Bestandteil, auch der nathanischen Seele, die bisher nur peripher auf das Zarathustra-Ich eingewirkt hatte. Erst hier inkarniert sich das Ich des lukanischen Jesusknaben. Die Aussage Steiners, dass Jesus sich wie »mechanisch« auf die Jordantaufe zubewegte, macht nur aus dieser Sicht Sinn.[94] Der vorgeburtliche Wesenskern des Jesus war, so dürfen wir tatsächlich annehmen, derart mit dem Sonnengott Christus verbunden, dass er nur durchdrungen von diesen geistig kosmischen Sonnenkräften auf Erden erscheinen konnte. Das galt sowohl für den Beginn (Taufe) als auch für das Ende (Himmelfahrt) seiner inkarnierten Tätigkeit. Dasjenige, was unberührt geblieben war von jeglicher irdischen Erfahrung, konnte sich ausschließlich mit dem Logos selber inkarnieren. Darin lag seine heitere Reinheit. So kann uns an der anderen Seite des Spektrums, die mehr mit dem Ende als mit dem Beginn, mehr mit der Himmelfahrt als mit der Taufe zusammenhängt, eine andere, nicht weniger wichtige Ahnung

---

94 Rudolf Steiner: *Aus der Akasha-Forschung. Das Fünfte Evangelium*, GA 148, S.76.

aufleuchten. Diese Ahnung hat mit dem Mysterium der Auferstehung zu tun. Hier sollen wir uns von zwei Jahrtausenden Theologie nicht beeindrucken lassen und in aller Naivität fragen: Wer ist es denn, der letztendlich durch Tod und Auferstehung ging? Ein Mensch, oder ein Gott? Wir wissen, dass die Antwort lauten muss: beides. Aber damit ist nicht geklärt, warum Jesus sich am Kreuz von Gott verlassen fühlt.[95] Die *kenosis* Christi, das heißt seine Selbstentleerung, seine Selbstentäußerung, war tatsächlich so weit fortgeschritten, dass in dem absoluten Nullpunkt der Weltgeschichte, in dem Tod auf Golgatha, nur ein Tropfen des Christus – gleichsam stellvertretend für das Ganze dieser hohen Wesenheit – durch Tod und Auferstehung gehen konnte. Dieser Tropfen, die nathanische Seele, diese geheimnisvolle, durchgottete, heiligste, aber immerhin menschliche Substanz, sie war es, die den Leidenstod erlitt, aus zehn Hierarchien und der darin waltenden Trinität eine neue Welt erschaffend für jetzt und alle Zeiten, weswegen es im Credo der Christengemeinschaft heißen muss, dass es nicht Jesus Christus, sondern Christus Jesus gewesen ist, der nach drei Tagen den Tod überwand.

Für die Jesusmysterien haben diese beiden Ahnungen die denkbar größte Konsequenz. Die wichtigste ist ohne Zweifel, dass, während der »salomonische« Jesus sich ständig wieder als »Meister Jesus« inkarniert, dies für die nathanische Seele nicht ohne Weiteres der Fall sein wird. Diese Wesenheit ist so mit Christus verbunden, dass sie genauso wenig wie dieser Sonnengott selbst

95 Dass das Von-Gott-Verlassensein des Jesus am Kreuze (Matt. 27, 46) auch eine Verherrlichung seines Wesens beinhaltet hat, wie es von Rudolf Steiner dargestellt wurde (GA 96 *Ursprungsimpulse der Geisteswissenschaft*, 1.4.1907), ist für diese Frage, so tief bewegend dieser Moment im Leiden Jesu auch ist, irrelevant: für einen Augenblick in der Passion sind Jesus und Gott nicht kongruent. Siehe auch Judith von Halle, *Und wäre er nicht auferstanden*, Verlag am Goetheanum, Dornach 2005, S. 79-80.

wieder im Fleische erscheinen kann. Das heißt aber nicht, dass sie damit von der Erde verschwunden ist. Im Gegenteil. Am Ostersonntag 1909 hielt Rudolf Steiner diesbezüglich in Köln einen Vortrag mit dem Titel »Die Bruderschaft des Heiligen Gral«.[96] Er erläutert dort, wie Abbilder der Wesensglieder des Jesus seinen Getreuen eingeprägt wurden. So empfing Augustinus einen Abdruck seines Ätherleibes und Franz von Assisi eine Kopie seines Astralleibes. Einer künftigen Zeit – und damit ist selbstverständlich unsere Zeit gemeint – wird es vorbehalten sein, auch Abbilder des Ich des Jesus für die Welt freizugeben: »Es hat immer Menschen gegeben, die durch die Jahrhunderte hindurch, seit dem Ereignis von Golgatha, im Geheimen dafür zu sorgen hatten, dass die Menschheit langsam heranreift, damit es Menschen gebe, die aufnehmen können die Abbilder des Ich des Jesus von Nazareth, wie es auch Menschen gegeben hat, die aufgenommen haben Abbilder seines Ätherleibes und Astralleibes. Dazu musste das Geheimnis gefunden werden, wie ganz in der Stille, im tiefen Mysterium, dieses Ich aufbewahrt werden könne bis zum geeigneten Momente der Menschheits- und Erdenentwicklung. Es bildete sich dazu eine Bruderschaft von Eingeweihten, die dieses Geheimnis bewahrten: die Bruderschaft des Heiligen Gral.«[97] Der ganze Zwist und Streit in der Theosophischen Gesellschaft über die herannahende Erscheinung eines »Weltlehrers« bekommt hier eine völlig neue Dynamik. Der Übergang von der Theosophie in die Anthroposophie, das heißt von der Gotteserkenntnis in die Menschenerkenntnis, war, so kann jetzt durchschimmern, nicht nur nominell zu verstehen. Das Ich des Jesus, die nathanische Seele, im Evangelium der Menschensohn

96 Rudolf Steiner: *Das Prinzip der spirituellen Ökonomie im Zusammenhang mit Wiederverkörperungsfragen*, GA 109, 10.04.1909.

97 Ebenda.

genannt, musste »aufbewahrt« bleiben, so hören wir, »bis zum geeigneten Momente«. Dieser Moment schien 1912 angebrochen zu sein. Wenn die eigentliche Wesenheit des Jesus, die als Einzige wirklich von innen heraus gewusst hat, was es heißt zu sterben und den Tod zu überwinden, nachher unverkörpert weiter in die Geschichte ging, gehütet im Tempel der Bruderschaft des Heiligen Grales – dürfen wir dann nicht annehmen, dass es diese Wesenheit war, die Rudolf Steiner allerintimst einbezog in die Geheimnisse der Auferstehung (Karlsruhe), des Bösen (Berlin) und des Sündenfalles (Hannover)? Das Gründungsmysterium der Anthroposophischen Gesellschaft wäre damit verbunden mit einer Inaugurationshandlung derjenigen Individualität, die damals selber die Erlösungstat vollbracht hat – des Christus Jesus! Diesen Gedanken nachvollziehen heißt einsehen, dass Rudolf Steiner, als er das Geheimnis der zwei Jesusknaben lüftete, nicht nur *über* die nathanische Seele gesprochen hat, sondern auch – und vor allem – *aus* ihr. Die Vorträge in Basel 1909 über das Lukasevangelium haben aus dieser Sicht nicht nur formell, sondern auch substantiell ihr Thema zur Sprache gebracht.

Der Seelenkalender leuchtet erst im Hinblick auf diese Angelegenheit in voller Helligkeit auf. Im September 1912 wird in München das erste Mal von einer zu gründenden Anthroposophischen Gesellschaft gesprochen. Das käme einer Konzeption gleich. Im Dezember 1912 wurde in Köln, indem über die nathanische Seele und ihr Verhältnis zu Paulus und Krishna gesprochen wurde, diese Gesellschaft auch offiziell gegründet.[98] Das käme einer Geburt gleich. Am 2. und 3. Februar 1913 wurde dann in Berlin die erste Generalversammlung abgehalten. Das käme einer Taufe gleich. Bei dieser »Taufe« sprach Rudolf Steiner das erste Mal – jedem Anfang wohnt ein Zauber inne – über

98 Rudolf Steiner: *Die Bhagavad Gita und die Paulusbriefe*, GA 143, 1.1.1912.

»das Wesen Anthroposophia«.[99] Zwischen den entscheidenden Vorträgen in Karlsruhe, Berlin und Hannover und dieser Konzeption, Geburt und Taufe der Anthroposophischen Gesellschaft kam der Seelenkalender zustande. In ihm wurde die lebendige Wesenheit Anthroposophia zum ersten Mal unausgesprochen in die Erfahrung gebracht. Zehn Jahre später würde Rudolf Steiner in Den Haag hierüber sagen: »Dann erscheint uns immer mehr und mehr die Anthroposophie selber als etwas lebendig Wesenhaftes. Und wir werden dann schon gewahr, wie etwas an die Pforte unseres Herzens klopft mit der Anthroposophie und sagt: Lass mich ein, denn ich bin du selbst; ich bin deine wahre Menschenwesenheit!«[100] Dieses wahre Menschenwesen hat sich im Seelenkalender 1912 für das 20. Jahrhundert offenbart. Allmählich kann damit deutlich werden, wer sich hier hat zeigen wollen und woher diese Wesenheit, die mit der Anthroposophie an die Pforte unseres Herzens klopft, ihre Erfahrungswelten genommen hat. Wir beginnen zu ahnen und zu erkennen, dass das Wesen Anthroposophia, von dem Rudolf Steiner sagt, dass es ein unsichtbarer, übersinnlicher Mensch ist, der lebendig unter uns wandert,[101] niemanden weniger darstellt als die fortgeschrittene Essenz dessen, der damals selber durch Tod und Auferstehung ging. Im Seelenkalender hat der Menschensohn, mittels Rudolf Steiners, seine Beziehung zu Christus mantrisch offengelegt. In ihm spricht die nathanische Seele im Lichte der ätherischen Wiederkunft. Durch ihn kann Christus im Laufe der Jahreszeiten

99 Sergej O. Prokofieff: *Die Himmlische Sophia und das Wesen Anthroposophie*, Dornach 1995, S. 53.

100 Rudolf Steiner: *Der übersinnliche Mensch anthroposophisch erfasst*, GA 231, 18.11.1923.

101 Rudolf Steiner: *Die Geschichte und die Bedingungen der anthroposophischen Bewegung im Verhältnis zur anthroposophischen Gesellschaft*, GA 258, 16.6.1923.

erlebt werden. Das Meditieren dieser Sprüche ist daher wie das Anziehen eines Geisteskleides: Es bereitet uns darauf vor, ein Abbild vom Ich des Jesus zu empfangen. In dieser Bewegung öffnet sich uns der Gralstempel. So erscheint der von den Theosophen herbeigesehnte Weltlehrer nicht von außen, wo er nur Verwirrung bringen könnte, sondern eher innerlich, in der stillen Kammer der Meditation, indem wir durch den Seelenkalender hindurch gleichsam in seine Haut schlüpfen.[102]

Heraklit von Ephesus, der große Logosbegnadete, hat sich, bevor der trockene Verstand des Sokratismus seine geschichtliche Bahn begann, mit einem halb lebendigen Denken in Geistesregionen hineingefunden: »Das ätherische Feuer im menschlichen Körper schlägt um und ruht aus.«[103] Im Seelenkalender Rudolf Steiners flammt dieses ätherische Feuer neu auf. In ihm bricht nach zweieinhalb Jahrtausenden eine neue Intellektualität durch, die vom Kopf in das Herz geht. Sinnend und trachtend öffnen wir uns den inneren Raum. Das Feuer des Logos brennt. Ein Durchgang wird gefunden. Wie ehedem wartet eine jung gewordene Artemis auf das, was ihre Schüler ihr entgegenbringen.

---

102 In den Wintersprüchen 36 und 37 ist diese Jesussprache am deutlichsten zu vernehmen und anzueignen.

103 Heraklit: *Fragment B 84a*, Darmstadt 1976, S. 26.

II Über Einschließung und Ausschließung

10 *The Matrix* und die Schleier der Unwissenheit

»Was heißt es, dass die Stunden des Lichts und der Dunkelheit im gleichen Kreis angezeigt werden?« Diese Frage stellt sich die Hauptfigur im Roman *Austerlitz* von W.G Sebald in dem Versuch, das Wesen der Zeit zu durchdringen. Eine Uhr, so meint er, ist etwas grundsätzlich Lächerliches, ein lügnerisches Zeug, das nur verstellen und verflachen kann, was in sich unverstellt und niemals flach ist: der tiefe Strom nicht so sehr von Ereignissen, sondern von dem, was diese Ereignisse erst ermöglicht – der sanftmütige Wechsel von Licht und Dunkelheit, der seinen Segen unaufhörlich über die Erdkugel schiebt und dem von keiner Ziffer und keinem Zeiger jemals Recht verschafft werden kann. Ist die Zeit, so fragt sich Austerlitz, nicht auch etwas, aus dem wir herausfallen können?

Der Schleier zwischen uns und der anderen Seite der Dinge, wo die Welt nicht fortschreitet, sondern innehält und unkörperlich wird, ist dünner, als wir oft meinen. »Das Außer-der-Zeit-Sein, sagte Austerlitz, das für die zurückgebliebenen und vergessenen Gegenden im eigenen Land bis vor kurzem beinahe genauso wie für die unentdeckten überseeischen Kontinente dereinst gegolten habe, gelte nach wie vor, selbst in einer Zeitmetropole wie London. Die Toten seien ja außer der Zeit, die Sterbenden und die vielen bei sich zu Hause oder in den Spitälern liegenden Kranken, und nicht nur diese allein, genüge doch schon ein Quantum persönlichen Unglücks, um uns abzuschneiden von jeder Vergangenheit und jeder Zukunft.«[104] In der Zeit gibt es Hast und das unbestimmte Gefühl, nicht genügend

104 W.G. Sebald: *Austerlitz*, Frankfurt/Main 2006, S. 151.

Zeit zu haben; am Rande der Zeit werden die Tage träge; auf der anderen Seite der Zeit schließlich werden Vergangenheit, Gegenwart und Zukunft eins. Dort waltet dieser seltsame Tiefpunkt der Welt, den die Philosophen das *nunc stans* genannt haben, das Zeitloswerden der Zeit, das Hereingleiten in diese vorher ungeahnte und jetzt offenbare Dimension, in der außerhalb der Zeit unsere Toten und Götter wohnen.[105] Der Kranke, der Sterbende, der Verzweifelte, sie wissen von diesem Rande und kennen seine Geheimnisse; nicht viel Missgeschick ist nötig, so weiß Austerlitz, um sich von der Außenseite der Dinge wegzubewegen und in andere Welten hineinzurutschen. So ergeht es auch Fürst Andrej in *Krieg und Frieden* von Lev Tolstoj, als er auf dem Schlachtfeld von einem französischen Soldaten verwundet wird und aus der Welt herausfällt. »Das tat nicht allzu weh, aber es war doch unangenehm, weil ihn dieser Schmerz ablenkte und ihn hinderte, das weiterzuverfolgen, was er gerade beobachtete. Was ist das? Ich falle? Die Beine knicken mir ein? dachte er und fiel rücklings auf den Boden. Er riss wieder die Augen auf, in der Hoffnung, noch sehen zu können, wie der Kampf des Franzosen mit dem Artilleristen ausginge, und noch zu erfahren, ob der rothaarige Artillerist erstochen worden sei oder nicht, und ob die Kanonen genommen oder gerettet wären. Aber er sah nichts. Über ihm war nichts als der Himmel, der hohe Himmel, der zwar nicht klar, aber trotzdem unermesslich hoch schien. Graue Wolken glitten ruhig dahin. Wie still, wie ruhig, wie feierlich, dachte Fürst Andrej, gar nicht so, wie ich eben dahergestürmt bin, gar nicht so, wie wir rennen und schreien und kämpfen, und wie sich der Franzose und der Artillerist mit wütenden, entsetzten Gesichtern den Wischer zu entwinden suchten – ganz anders ziehen

105 Hannah Arendt: *The Life of the Mind*, New York/London 1978, S. 210-213.

die Wolken über diesen hohen, unendlichen Himmel dahin. Wie kommt es, dass ich früher niemals diesen Himmel gesehen habe? Wie glücklich bin ich, dass ich ihn endlich sehe. Ja! Alles ist eitel, alles ist Lug und Trug, außer diesem unendlichen Himmel. Es gibt nichts, nichts außer ihm … Und auch er ist wohl nicht … nichts ist … außer der Stille … der Ruhe … Gott sei Dank!«[106]

In der Welt sind wir uns selbst und den anderen ausgeliefert, und wir werden eingeschlossen von dem, womit wir uns zu beschäftigen haben. Diese Beschäftigung dauert an, bis sie unterbrochen wird. Innerhalb dieser Eingeschlossenheit erleben wir unsere Existenz als gesichert. Dieses Erleben kann sich aber rasch als Illusion erweisen. Der Rand der Welt lauert, und in dem Moment, wo wir vom Schicksal getroffen werden und ausgeschlossen sind, nicht so sehr von uns selbst, sondern von all dem, was wir bisher für wahr gehalten haben, kommt die Zeit an ihre Grenzen und drohen wir uns selbst und die anderen zu verlieren. Was ist wirklicher? Der ringende Soldat Napoleons oder der Himmel über Austerlitz? Der Eingang der U-Bahn bei der Liverpool Station in London oder die Pforte zur Unterwelt, die hier von dem schwermütigen nächtlichen Wanderer wahrgenommen werden kann, die Toten, die hier unterirdisch und unerlöst verweilen, ihre Gerippe ruhend in der dunklen Erde, direkt über dem mittelalterlichen Irrenhaus, das sich hier befunden hat, längst vergessen jetzt, aber nicht unwirksam geworden und nur noch nachempfindbar für denjenigen, der außerhalb der Zeit wandelt? Denn genau das ist es, was Austerlitz zum Erlebnis wird: »Beinahe zwanghaft, sagte Austerlitz, habe ich mir, wenn ich in dem Bahnhof mich aufhielt, immer wieder vorzustellen versucht, wo in dem später von anderen Mauern durchzogenen

106 Leo N. Tolstoj: *Krieg und Frieden*. Aus dem Russischen von Marianne Kegel, Artemis & Winkler, München [18]2004, III. Teil, Kapitel 16.

und jetzt abermals sich verändernden Raum die Kammern der Insassen dieses Asyls gewesen sind, und oft habe ich mich gefragt, ob das Leid und die Schmerzen, die sich dort über die Jahrhunderte angesammelt haben, je wirklich vergangen sind, ob wir sie nicht heute noch, wie ich bisweilen an einem kalten Zug um die Stirn zu spüren glaubte, auf unseren Wegen durch die Hallen und über die Treppen durchqueren.«[107] Grenzen verschwimmen, wenn wir uns am Rand der Dinge bewegen. Zugleich steigert sich damit der Wirklichkeitsgrad der Geschehnisse. An der Stelle, wo sich die Welt verschiebt und eine Vierteldrehung macht, kreuzen sich die Wege des Verzweifelten und des Eingeweihten: Ist nicht Einweihung das Umsetzen von Leid in Erkenntnis? Trauer zerschmettert uns und Kummer stimmt demütig, aber kann in der Demut auch der Mut gefunden werden, durchzubrechen in andere Welten hinein? Welcher Kummer und welcher Mut waren es, die den Jüngling zu Saïs dazu brachten, die Schleier des Isisbildnisses zu lüften?[108] *Be behind there what may – I raise the veil!*[109] Möge dahinter liegen, was will – ich lüfte den Schleier! Nicht umsonst sagen wir, dass es einem »unheimlich zumute« ist. Der Mut wächst auf dem Boden des Unheimlichen. Zu Saïs spricht und handelt nicht der Geschlagene, der verwundete Russe oder der schlaflose Schriftsteller in London, sondern deren wiedergefundene Kraft.

Die Wechselwirkung zwischen Wirklichkeiten, von denen die eine weitaus tiefer als die andere ist, ist ein altes Motiv in der abendländischen Metaphysik. Für Platon haben die Dinge in ihrer Wahrheit nicht *hier* ihren Bestand, wo sie nur ein

---

107 W.G. Sebald: *Austerlitz*, Frankfurt/Main 2006, S. 191.

108 Novalis: *Die Lehrlinge zu Saïs*, in: *Gedichte und Romane*, Manesse Verlag 1968, S. 49-105.

109 Sir Edward Bulwer-Lytton: *Zanoni: A Rosicrucian Tale*, New York 1989, S. 223.

Schattendasein für entgeistigte Sinne führen, sondern *dort*, an der anderen Seite allen Scheins, an der Außenseite dieses verfinsterten Gewölbes, das wir »Welt« nennen. Diese Welt ist nicht die wahre. Nur wer die Höhle der Sinne übersteigt, nur wer eine Vierteldrehung macht und über die eigene Schulter sieht, findet den Grund der Dinge, die Welt der Ideen, die aus der Geisteswelt heraus ihre dunklen Schatten hinunterwirft.[110] Der Eingeweihte ist derjenige, der den Weg nach außen findet. Eingeschlossen zu sein ist das Los der Toren und Neophyten. Diese Lehre der zweifachen Welt, des wahren »Dort« und des unwahren »Hier«, macht eine Geistesgeschichte aus, die schon lange vor Platon im Gange war und noch lange nach ihm andauern wird. Der indische Meditand sprach von Maya; Nietzsche nannte das Christentum »Platonismus für das Volk«[111]; der Eingeweihte des 20. Jahrhunderts schließlich hat auf einen Hüter der Schwelle hingewiesen, der uns in unserem Schlaf mahnend zurückweist.[112] Gedanken entlehnen ihre Kraft der Wirklichkeit, aus der sie geschöpft werden. Diese drei Modifikationen des gleichen Denkbildes ziehen die gleiche Quelle heran. Darin liegt auch ihre Zukunft: Die Lehre der zweifachen Welt ist – im Gegensatz zu dem, was heutzutage Gemeingut ist – nicht überholt. Das Grenzgebiet zwischen den verschiedenen Welten bleibt, trotz eines Nährbodens von mehreren Jahrhunderten größtenteils unkultivierten Landes.

Aus dieser Sicht darf man es keinen Zufall nennen, dass ganz am Ende des abgelaufenen Millenniums, ausgerechnet zu Ostern des Jahres 1999, den großen Massen noch einmal diese

110 Platon, *Der Staat*.

111 Friedrich Nietzsche: *Jenseits von Gut und Böse*, Vorrede.

112 Rudolf Steiner: *Die Weltgeschichte in anthroposophischer Beleuchtung*, GA 233, 9. Vortrag.

alles entscheidende Imagination von ineinander verflochtenen Welten vorgeführt wurde. Der Actionfilm *The Matrix* ist und bleibt viel mehr als visuelle Gewalt aus Hollywood. In diesem Film wird mit bezaubernder Erfindungsgabe gezeigt, wie die sinnliche Welt ein Trugbild ist, das darauf wartet, durchschaut zu werden. Dabei ist das Wesentliche nicht, dass diese Welt verlassen werden kann; wesentlich ist, dass sich nach ihr zurückgesehnt wird. »*Ignorance is bliss*«, hören wir einen Verräter sagen: Unwissenheit ist Glückseligkeit. Ob dies stimmt, darf dahingestellt bleiben – für den Strauss stürmt es bestimmt nicht weniger hart. Immerhin ertönt hier, aus dem Munde eines, der die Einweihung nicht erträgt, eine tiefe Sehnsucht, die in jedem von uns lebt und die erklären lässt, weswegen die Einweihungswahrheiten so tief unpopulär sind: Etwas in uns widerstrebt der Erleuchtung. Wir möchten eingeschlossen bleiben, der Schleier will zugezogen sein. Unsere Scheinwelt soll bloß nicht zerreißen! Denn in all unserer Unwissenheit wissen wir dieses Eine allzu gut, bewusst oder unbewusst: Nicht nur werden die Randgebiete des Geistes ausschließlich in Leiden und Schmerzen betreten, auch der Inhalt der Geisterfahrung schmeckt bitter – wenn nicht im Munde, dann sicherlich im Magen.[113]

»Friedvoll stehe ich zur Welt«, so spricht Christus. Aber was sieht dieser Frieden? Wie das Auge sich selber nicht sehen kann, so ist auch der Frieden nicht auf sich selbst gerichtet. Die Grausamkeit bittet um den Blick der Gewaltlosigkeit. So wandert der Erzähler in *Austerlitz* durch die Straßen von London, Prag und Antwerpen mit der unausgesprochenen Frage, wie das Böse in die Welt kommen konnte. Er durchforscht das Grenzgebiet zwischen Ober- und Unterwelten, zwischen dem Zeitlichen und dem Außerzeitlichen, und findet somit, im Strom

113 Offb 10,10.

seiner Überlegungen nicht einmal unerwartet, einen sanftmütigen Rhythmus, der ein Wandeln mit Christus offenbart. Dieses Wandeln ist nicht sentimental. Der Frieden in diesem Buch ist nicht billig. Er wurzelt in der Milde dessen, der aus der Welt herausfiel und jetzt das wahre Sein zu ertragen hat. Hier ertönt die Stille des Außenstehenden, der einen Weg nach innen fand; der Ausgeschlossene, der umarmt wurde und nun mit Geduld duldet. Die Bitterkeit verliert ihr Ressentiment. »Möge dahinter liegen, was will – ich lüfte den Schleier!« Dieses Wort spricht nicht nur der Jüngling zu Saïs, den wir später zurückverfolgen können als den König, der dem Jesuskind Myrrhe bringt, und später als den jungen Mann, der in Naïn zu Grabe getragen wird,[114] noch später als den Gründer des Manichäismus und, noch um eine Stufe weiter geschritten, als den Gralskönig Parzival[115]; dieses Wort spricht jeder, der mit Austerlitz bereit ist, aus der Zeit herauszugleiten und in der Dämmerung aufzugehen; dieses Wort spricht jeder, der mit Platon die Höhle verlässt, mit Nietzsche bis an den Rand des Wahnsinns geht und mit dem Meister aus Dornach an den Hüter der Schwelle herantritt; dieses Wort wird von jedem gesprochen, der mit Fürst Andrej auf dem eigenen Schlachtfeld steht und fällt, besiegt und erschüttert, gelähmt und ausgeschlossen daliegt, um dann den Blick nach oben zu richten, den Himmel entlang, wo die Wolken vorüberziehen, weit entfernt von allen flachen Uhrlügen; dieses Wort spricht jeder, der den Frieden sucht und findet, mit diesem neu vertrauten Geschmack in Mund und Magen – dem bittersüßen Boden von all dem, was ist.

---

114 Lk 7,11–17.

115 Rudolf Steiner: *Zur Geschichte und aus den Inhalten der ersten Abteilung der Esoterischen Schule 1904-1914*, GA 264, S. 227-237.

11 Calimero in Flandern

Das Märchen *Der goldene Schlüssel*, mit dem die Sammlung der Brüder Grimm endet,[116] ist gewiss nicht zufällig die letzte Erzählung in ihrer langen Reihe. Wie sollte diese Sammlung anders enden als mit einem Rätsel? Wir hören von einem Jungen, der zur Winterzeit, »als einmal ein tiefer Schnee lag«, hinausging, um auf einem Schlitten Holz zu holen. Weil er dabei ist zu erfrieren, will er sich ein Feuer machen. Er scharrt den Schnee weg, und wie er so den Erdboden aufräumt, findet er einen kleinen goldenen Schlüssel. Wo ein Schlüssel ist, muss auch ein Schloss sein, so meint der Knabe, und als er ein wenig weiter gräbt, findet er ein eisernes Kästchen. Kaum hat das Märchen angefangen, da geht es schon zu Ende: »Er suchte, aber es war kein Schlüsselloch da, endlich entdeckte er eins, aber so klein, dass man es kaum sehen konnte. Er probierte und der Schlüssel passte glücklich. Da drehte er einmal herum, und nun müssen wir warten, bis er vollends aufgeschlossen und den Deckel aufgemacht hat, dann werden wir erfahren, was für wunderbare Sachen in dem Kästchen lagen.« – Mit diesem schnellen und bewusst gewollten *fade out*, diesem Ende ohne Ende, hat es vieles auf sich. Klar ist: Wenn ich wirklich wissen möchte, was sich in dem Kästchen verbirgt, wird es nicht reichen, dem Erzähler irgendwie Vorwürfe zu machen. Das Abbrechen der Erzählung ist von Anfang an Teil ihrer Intention. Der Weg, dieses Rätsel zu lösen, läuft selbstverständlich nicht über den Erzähler, der bestimmt stumm bleiben wird und deutlich bereit ist, endlos zu warten, sondern über mich,

116 So war es jedenfalls von der Erstauflage 1815 bis zur vorletzten Auflage von 1850.

den Leser beziehungsweise Hörer dieses Märchens: Ich kann die Geschichte nur zu ihrem wahren Abschluss bringen, indem ich selber den goldenen Schlüssel aufgrabe, selber das Kästchen auffinde und selber das Schloss aufschließe; dann werde ich den Schatz finden, der freilich nur mein Schatz sein wird und von dessen Inhalt nicht einmal die immer wartenden Brüder Grimm etwas ahnen können, sondern nur ich selbst. Das Ausgeschlossensein von dem, was der Mysterienschatz des andern bleibt, ist damit das Letzte, was uns in dieser Fundgrube von Imaginationen vermittelt wird.

Mit dem Bild des Schlüssels stehen die Grimms nicht allein in der Überlieferung alter Geschichten. Es liegt nahe, in ihrem goldenen Schlüssel eine Metapher wiederzuerkennen, die sich schon lange vor ihnen, und zwar im Alten Testament, kundgetan hat. Von Eljakim heißt es, dass er ein höchstes Privileg empfangen wird: »Und ich werde den Schlüssel des Hauses Davids auf seine Schulter legen; und er wird öffnen, und niemand wird schließen, und er wird schließen, und niemand wird öffnen« (Jes 22,22). In seiner Offenbarung greift Johannes diese Stelle neu auf, indem er auf den Menschensohn hört und von ihm gesagt bekommt, genau diese Worte Jahwes dem Engel der Gemeinde in Philadelphia zu schreiben (Offb 3,7). So endet nicht nur die Ursammlung aller Märchen, sondern auch die gesamte Bibel in gewissem Sinne mit diesem Grundbild eines Schlüssels. Was besagt dies? Was ist gemeint mit diesem sonderbaren Schlüssel Davids, der seinen Besitzer in die Lage bringt, souverän zu entscheiden über Schließung und Öffnung, Zugang und Verwehrung? Welche Wirklichkeiten werden mittels dieses Schlüssels hereingelassen, und welche werden ausgeschlossen? Zu welchem Schloss passt dieser goldene Schlüssel überhaupt?

Im dritten Vortrag seines Nürnberger Zyklus über die Apokalypse des Johannes weist Rudolf Steiner darauf hin, dass mit den Sendschreiben nicht so sehr Urgemeinden, sondern vor allem Kulturepochen angesprochen werden.[117] Wenn gerade der Gemeinde von Philadelphia dieses Bild vom Schlüssel Davids ans Herz gelegt wird, dann ist damit das Zeitalter gemeint, so Rudolf Steiner, in dem der Mensch dabei sein wird, das Wesensglied des Geistselbstes auszubilden. Das Geistselbst ist, genau wie sein Name angibt, der individuell angeeignete Geist. Es ist die Umwandlung desjenigen Teiles unserer Leiblichkeit, der unter anderem dafür einsteht, dass wir unsere grundlegendsten Empfindungen - Lust und Schmerz - als *unsere* erleben, nämlich der Astralleib.[118] Das Geistselbst ist damit die Wohnstätte eines Ichs, das in die Lage gekommen ist, seine Empfindungen völlig zu vergeistigen. Diese spirituelle Instanz, die für weitaus die meisten Menschen keine gelebte Realität ist und daher größtenteils Zukunftsprophetie bleiben muss, entscheidet selbst darüber, wann sie in das Geisterland eintritt und wann nicht. Sie entscheidet auch darüber - und das ist vielleicht noch wichtiger –, welche Wesenheiten zu ihr Zutritt haben und welche nicht. Der Schlüssel Davids beinhaltet damit den Inbegriff all dessen, was mit den Mysterien von Zugang und Immunität zusammenhängt, zwei Grundbegriffe einer künftigen Metaphysik: »Da werden wir das individuelle Ich in höherem Grade in uns gefunden haben, so dass keine äußere Kraft mehr in uns hineinspielen kann, wenn wir es nicht wollen; so dass wir zuschließen können und niemand ohne unseren Willen aufschließt, und wenn wir

117 Rudolf Steiner: *Die Apokalypse des Johannes*, GA 104, 20.06.1908.

118 »Dieser durch das Ich eroberte, von ihm umgewandelte Astralleib kann das *Geistselbst* genannt werden.« Rudolf Steiner: *Die Geheimwissenschaft im Umriss*, GA 13, S. 71.

aufschließen, keine entgegengesetzte Macht zuschließt.«[119] Das vergeistigte Selbst bekommt Eingang und Ausgang, wie es ihm selbst beliebt, das heißt mit anderen Worten: Der Schlüssel des eroberten Geistselbstes bürgt in seiner königlichen Autorität für nichts Geringeres als den gelungenen Schwellenübertritt. In ihm wird das Endziel aller Meditationen erreicht.

In einem Vortrag in Oxford über die Zugänge zur Geistwelt nennt Rudolf Steiner das Meditieren eine urfreie Handlung; er nennt es sogar die einzige Stelle im Leben, wo der Mensch von nichts gesteuert oder gelenkt wird außer von seinem eigenen freien Willen: »Wenn der Mensch einmal beginnt, Meditationen zu machen, so vollzieht er damit die einzige wirklich völlig freie Handlung in diesem menschlichen Leben.«[120] – In vielen Angelegenheiten unseres Lebens sind wir nicht frei, oder höchstens halb frei. Wir können es nicht unterlassen, zu essen und zu trinken; wir können die Bedingungen unserer Erziehung nicht ändern; unser ganzes Karma ist zuerst etwas, das uns zustößt, und nur in zweiter Linie etwas, das wir freiwillig übernehmen. Meditieren aber ist eine grundsätzlich freie Angelegenheit. Niemand kann uns dazu zwingen, gewisse Momente des Tages für eine bewusst ergriffene Meditation einzusetzen. Meditationen sind Verabredungen, die wir nur mit uns selber treffen.

---

119 Rudolf Steiner: *Die Apokalypse des Johannes*, GA 104, 3. Vortrag. In seinem großartigen Buch *Sphären* hat Peter Sloterdijk die ersten Umrisse dieser Metaphysik phänomenologisch erforscht. Die drei Teile dieser Trilogie könnten folgendermaßen zusammengefasst werden: Ich bin nicht allein (*Blasen*); die Welt ist rund (*Globen*); Gott ist zersplittert (*Schäume*). Freilich ist es Peter Sloterdijk verwehrt geblieben, seine Begriffe spirituell umzudeuten – ein Zeichen eines Defizits in seinem eigenen intellektuellen Immunsystem, das zugleich auf eine Zukunftsaufgabe hinweist.

120 Rudolf Steiner: *Das Geheimnis der Trinität: der Mensch und sein Verhältnis zur Geistwelt*, GA 214, 8. Vortrag.

Damit ist in der Tätigkeit des Meditierens die erstgenannte Qualität des Schlüssels Davids – »Er wird öffnen« – schon gegeben. Wenn wir einen Moment der Ruhe herbeiführen und meditativ ergreifen, können wir uns nur als ungezwungen erleben. Wir sind frei. Wir öffnen, und keiner wird uns davon abhalten; keiner wird schließen. Die zweite Qualität des Schlüssels Davids – »Er wird schließen« – braucht substantiell mehr, um in Erfüllung gehen zu können. »Schließen« heißt in diesem Falle, sich die spirituelle Kompetenz angeeignet zu haben, selber darüber zu entscheiden, welche Verbindungen in der Meditation hergestellt werden und, vor allem, welche nicht. »Keiner wird öffnen« heißt, dass wir nur den Wesenheiten begegnen werden, denen wir aktiv begegnen wollen, und keinen anderen: Wir sollen immun werden für Angriffe und Ansprüche, die wir selber nicht überschauen. Jede Art von Besessenheit, jede ungewollte Ergreifung oder Übernahme unseres Wesens, jede Besetzung der Seele, wie subtil und alltäglich sie auch sein möge, soll unmöglich gemacht werden. Mit dieser Leistung des Schließen-Könnens, dieser Fähigkeit, unsere Abgrenzungen zu totalisieren, öffnen sich die Tore zur Geistwelt erst recht. Wir bekommen Zutritt zu anderen Welten und erhalten die Befugnis, uns in diesen Welten frei zu bewegen: wir werden wahrer Mensch. Es ist darum ein Missverständnis, zu meinen, man meditiere, um ruhig zu werden. Die Wahrheit ist umgekehrt, dass wir ruhig sein sollen, um überhaupt meditieren zu können. In der selbst hervorgebrachten Ruhe entsteht, wenn die Stille sich vergeistigt hat, die Möglichkeit eines höheren Erwachens. Dieses Erwachen ist das Eintreten in die Substanz des Geistselbstes und damit in die Souveränität der eigenen Geistesschau: der Schlüssel Davids wird einem über die Schulter gelegt.

Das Auffinden dieses Geistesauges geschieht nicht von selbst. Es fordert eine Umwandlung unseres ganzen Wesens und braucht Zeit. Am hellsten soll diese Umwandlung in unserem Denken vollzogen werden. Ein Denken, das sich von Anfang an auf Sinnliches beschränkt, wird sich nicht vergeistigen können. Das Denken soll die eigenen Finsternisse überwinden und von innen heraus seine Gehirnschale durchbrechen. Es soll die Todeskräfte, die in unserem Haupt allzu heimatlich sind, in bewusst vollzogener Tätigkeit besiegen, um Raum zu schaffen für neue Dimensionen der Andacht. Am besten ließe sich dieser Vorgang vergleichen mit dem Ausbrüten eines Eies. Ein Ei kann gegessen werden; dazu muss es mit einer leisen Brutalität von außen geöffnet, das heißt aufgebrochen werden. Man kann aber auch vorziehen, das Ei nicht unmittelbar zu nutzen, sondern es einer brütenden Mutter zu überlassen. Dann geschieht etwas, das bei genauer Betrachtung fast wie magisch anmutet: Die Henne schenkt dem Nest ihre Wärme, und das Ei fängt an, sich innerlich umzuwandeln. Nach einundzwanzig Tagen Umsicht und Verzicht auf Verzehr wird das Ei jetzt nicht mit einer leisen Brutalität von außen, sondern ganz sanft und organisch von innen heraus aufgebrochen: Das Küken schlüpft heraus. Diese zwei grundverschiedenen Arten des Aufbrechens – quasi gewaltsam von außen oder behutsam und zart von innen heraus – können ohne Weiteres, und nicht einmal metaphorisch, auf das Denken übertragen werden. Ein Denken, das nur benutzt wird, um Bahnlinien zu bauen und Computerkraft zu beschleunigen, ist wie ein verzehrtes Ei, das mitunter gut schmecken kann, aber bestimmt kein neues Leben hervorbringt. Ein Denken aber, das sich in der Meditation von höheren, mütterlichen Mächten ausbrüten lässt, ein Denken, das geduldig ist, das warten kann, sogar ein Leben lang,[121]

121 »Fragen können heißt: warten können, sogar ein Leben lang.« Martin Heidegger: *Einführung in die Metaphysik*, Tübingen 1953, S.157.

solches Denken wird eines Tages den magischen Augenblick erleben, wo es seine Schale zur richtigen Zeit von innen heraus zerbricht und als junges Leben in neu gefundener Welt erscheint: »Man muss nur bedenken, dass da das höhere Selbst, das bisher keimhaft, unbewusst im Menschen geschlummert hat, zu bewusstem Dasein geboren wird. Nicht etwa bloß im bildlichen, sondern in ganz wirklichem Sinne hat man es mit einer *Geburt* in der geistigen Welt zu tun.«[122] An anderer Stelle nennt Rudolf Steiner diese Geburt des Geistselbstes die eigentliche unbefleckte Empfängnis: Aus dem geläuterten Astralleib tritt wie ein Küken aus dem Ei das wahre Selbst hervor – es wird wahrhaft geboren und kommt auf geistigem Boden geistig zur Welt.[123]

Der Schlüssel Davids lässt sich nicht so leicht finden. Er muss durch Übung und Geduld von unten verdient und durch Gnade und Liebe von oben geschenkt, ausgebrütet werden. Etwas von diesem Geheimnis ist den Brüdern Grimm aufgegangen. Ihr Märchen *Der goldene Schlüssel* endet mit der Ansage, dass wir warten müssen, bis der Knabe vollends aufgeschlossen und den Deckel aufgemacht hat. Dieses Warten auf den Jungen, das wir als Hörer dieser winzigen Geschichte alle mit ertragen müssen, die Brüder Grimm inklusive, ist letztendlich ein Warten auf uns selbst: In dem Dunkel einer Eierschale sind wir eingeschlossen, drängend wachsend, insistierend auf Licht, mit dem kleinen Schnabel das Ei schon von innen her berührend. Noch ist es Winterzeit; noch wissen wir nicht, welche wunderbaren Sachen in unserem Kästchen verborgen liegen.

---

122 Rudolf Steiner: *Wie erlangt man Erkenntnisse der höheren Welten?*, GA 10, S. 154.

123 Rudolf Steiner: *Das Johannes-Evangelium*, GA 103, 12. Vortrag.

12 Ludwig Wittgenstein und Ahriman als Brillenträger

Für den Ausgeschlossenen sehen die Dinge anders aus. Wer aufgenommen ist und eine gesicherte Existenz führt, kann sich in der Regel nur schwer eine Vorstellung davon bilden, welche Leiden derjenige zu ertragen hat, der außen steht. Jeder gut Aufgehobene ist in seiner Umschau durchdrungen von der Gewissheit, selber außer Schussweite zu bleiben. Diese Gewissheit, oft unartikuliert, tingiert das ganze Erfahrungsfeld. Es hilft nichts, sich in diesen Angelegenheiten etwas vorzumachen. Wirklich wissen, was es heißt, ausgeschlossen zu sein, kann ich nur, wenn ich es tatsächlich bin. Dem ausgewiesenen Asylsucher ist mit meinem Mitleid nicht geholfen – das große Abseits lässt sich mit edlen Gefühlen nicht aus der Welt schaffen. »Ein jeder von uns ist vor allen an allem schuldig«, sagt der Starez Sossima in *Die Brüder Karamasow*, »und ich bin es am meisten.«[124] Wie sollen wir damit umgehen, dass die Grenzen Europas bedrängt werden von Menschen, die genau wie wir das Recht auf ein gesichertes Leben haben? Sollten wir nicht mit Dostojewski behaupten, dass jeder, der nur ein Zimmer übrig hat, versagt in einer Welt, wo Millionen ihr Leben in Flüchtlingslagern verbringen? Wahrheiten brauchen nicht bequem zu sein. Das Christentum, so hat der russische Schriftsteller gewusst, hat keine Untergrenze.

Eine unerträgliche Ungerechtigkeit würde walten in dem Ausschließen der Aussichtslosen, wenn wir nicht alle in gewissem Sinne ausgeschlossen wären. Zwar sind wir keine ausgewiesenen

124 Fjodor Dostojewski: *Die Brüder Karamasow*, Buch VI, Kapitel 2. Aus dem Russischen von Swetlana Geier, Zürich 2003.

Asylsucher und wohnen an Orten, die Hunderttausenden als sehr beneidenswert erscheinen. Und dennoch ist jeder scheinbar Geschützte in einer Schicht seines Wesens zugleich ungeschützt. Dem Ausgeschlossensein aus höheren Welten entkommt keiner, auch nicht der Bewohner eines angeblichen Traumkontinentes. Das Gleichnis von der königlichen Hochzeit will gerade das in die Erfahrung bringen.[125] Die Stelle im Matthäusevangelium ist bekannt: Das Reich der Himmel, so hören wir, gleicht einem Menschen, einem König, der ein Hochzeitsfest bereitete, wozu viele eingeladen waren, aber keiner kam. Wenn am Ende der Geschichte der Hochzeitssaal gefüllt ist mit Gästen, die an den Straßenkreuzungen willkürlich zusammengebracht worden sind, erweist sich, dass einer dieser Gäste kein Hochzeitsgewand trägt. Als er gebeten wird, dafür eine Erklärung zu geben, verstummt er. »Da sagte der König den Dienern: Fesselt ihn an Füßen und Händen und werft ihn hinaus in die Dunkelheit da draußen; da wird Heulen und Zähneknirschen sein« (Mt 22,13) – Wer ist denn dieser Gast, der sich für diese Veranstaltung nicht richtig angekleidet hat? Und was wäre gewesen, wenn er nicht verstummt wäre? Es wäre nicht falsch zu behaupten, dass mit dem stummen Gast nicht einer, sondern jeder von uns zugleich gemeint ist. Wir werden alle hinausgestoßen in die Finsternisse der äußeren Welt. Es gibt keine Biografie, in der nicht auch geheult und mit den Zähnen geknirscht wird. Das Ausgeschlossensein ist *condition humaine*: Mit unserem Gehirndenken sind wir geistig verstummt und aus göttlichen Welten verbannt worden. In einem spirituellen Exil haben wir uns alle aufzuhalten.

Wenn mit dem verstummenden, unfeierlich bekleideten Gast das Denken unseres Gehirns gemeint ist, ein Denken also, das in seiner Geistlosigkeit den Folgen eines Sündenfalles, einer

---

125 Mt 22,1–14.

Austreibung unterliegt, dann sollten es zuerst die Philosophen sein, die zum Gleichnis von der königlichen Hochzeit ein besonderes Verhältnis haben. Bewusst oder unbewusst haben sie dieses Verhältnis auch gehabt. Ludwig Wittgenstein sagte von sich, dass er nicht darum herumkam, jedes philosophische Problem aus religiöser Sicht zu betrachten.[126] Das Matthäusevangelium nannte er sein »Lieblingsevangelium«.[127] Dieses Bekenntnis hat er mit seinen Schriften nachweislich bewahrt. In dem *Tractatus logico-philosophicus* hat er sich, dem Matthäusevangelium gemäß, eingehend mit dem Problem des Ausgeschlossenseins befasst.[128] Er verteidigt in diesem denkerischen Wunderstück die These, dass die beschauliche Instanz kein Teil der Welt ist. Er schreibt: »Das Subjekt gehört nicht zur Welt, sondern es ist eine Grenze der Welt. Wo in der Welt ist ein metaphysisches Subjekt zu merken? Du sagst, es verhält sich hier ganz, wie mit Auge und Gesichtsfeld. Aber das Auge siehst du wirklich *nicht.* Und nichts *am Gesichtsfeld* lässt darauf schließen, dass es von einem Auge gesehen wird.«[129] – Das Auge sieht sich selber nicht; es ist ausgeschlossen von dem eigenen Gesichtsfeld. Es steht sozusagen außen. Das denkende Subjekt steht am Seitenstreifen der Wirklichkeit, es ist verbannt aus dem eigenen Wahrnehmungsblick. Aus diesem Gefangensein des Denkens in sich selbst lässt

---

126 »I am not a religious man but I cannot help seeing every problem from a religious point of view.« Ray Monk: *Ludwig Wittgenstein: The Duty of Genius*, London 1991, S. 464.

127 »My favourite Gospel is St. Matthew's. Matthew seems to me to contain everything.« *Ludwig Wittgenstein: Personal Recollections*, editor – Rush Rhees, Oxford 1981, S. 177f.

128 Die Kapitel 21 bis 26 im Matthäusevangelium sind fast ohne Ausnahme dem Thema Inklusion und Exklusion gewidmet.

129 Ludwig Wittgenstein: *Tractatus logico-philosophicus*, Sätze 5.632 und 5.633.

sich die Schlussfolgerung ziehen, dass die Welt unabhängig von mir besteht und ich keinen Einfluss auf ihre Ereignisse nehmen kann: »Die Welt ist unabhängig von meinem Willen.«[130] – Dieser Satz wird jedem Voluntaristen unerträglich sein. Wenn kein Mensch mit seinem Willen in die Welt eingreifen könnte, hätten wir keine Revolutionen, keine Erfindungen, keine Erziehung und überhaupt kein politisches Spielfeld. Diesen Einwand hätte Wittgenstein sich aber auch ausdenken können. Er ist daher zu klein gedacht für ihn. Seine Aussagen bewegen sich auf der Höhe eines, der das Matthäusevangelium zu schätzen weiß: der Defätismus, der hier erklingt, ist aus tieferen Quellen geschöpft. Hat der hinausgeworfene Gast auf dem Hochzeitsfest denn wirklich etwas über seine eigene Lage zu entscheiden? Wie ein Auge, das sich selber nicht sieht, kann der Verstummende seine eigene Situation nicht aussprechen: »Wovon man nicht sprechen kann, darüber muss man schweigen.«[131] Das Verstummen angesichts dessen, was zu groß ist, um aussprechbar zu sein, ist nicht mehr als mystische Ehrlichkeit.

Der Gedanke Wittgensteins, dass das menschliche Denken aus einem Abseits heraus operiert, und zwar grundsätzlich, ist nicht neu. Er gehört zum Kanon der Moderne. Vor Wittgenstein war es Immanuel Kant gewesen, der diese Ansicht mit erkenntnistheoretischer Genialität vertreten hat. Kant hat bekanntlich behauptet, dass die Dinge an sich für unsere Erkenntnis nicht zu erschließen sind. Das Denken ist dazu verurteilt, sich am Äußerlichen festzuklammern. Ins Innere der Welt dringt kein Genius herein. Dieses Theorem hat Kant auf den Punkt gebracht in der Annahme, dass wir die Welt unseren Erkenntnisformen

130 Ludwig Wittgenstein: *Tractatus logico-philosophicus*, Satz 6.373.

131 Ludwig Wittgenstein, *Tractatus logico-philosophicus*, Satz 7.

unterwerfen.[132] Das zentrale Wort in diesem Lehrsatz ist das der Unterwerfung. Obwohl Kant dieses Wort nur sparsam einsetzt, wird in ihm sein Grundgedanke offengelegt. Dieser ist sowohl einfach als auch brillant: die Art, wie wir die Welt sehen, wird bestimmt von der Art, wie unser Erkenntnisapparat strukturiert ist. Das ist die Bedeutung des Wortes »Erkenntnisform«. Ein Wesen mit anderen Erkenntnismöglichkeiten würde die Welt anders wahrnehmen: »Alles was wir sehen, könnte auch anders sein.«[133] Das heißt, dass nicht wir uns nach den Phänomenen richten, indem wir sie zur Kenntnis nehmen, sondern dass die Phänomene sich nach uns richten, indem wir sie in ihrer Erscheinungsart mitbestimmen. Das, sagt Kant, ist eine Kopernikanische Wende in der Erkenntnistheorie. Das Erkennen ist keine neutrale Aktivität, die für die Welt ansonsten ohne Bedeutung ist, sondern schafft selber die Erscheinungsbedingungen dessen, was es wahrnimmt. Damit ist das Außer-der-Welt-Sein des Erkennenden definitiv geworden. Ich kann nicht aus dem Fell meiner eigenen Erkenntnis herausspringen: Wie die Welt aussieht, unabhängig von meiner Wahrnehmung, werde ich nie erfahren können. Die Schleier der Unwissenheit sind nicht zu lüften. Dem dogmatischen Erkennen, wie Kant es nennt, das heißt einem Erkennen, das der Meinung ist, immer schon unmittelbar bei den Dingen selber zu sein, sind damit endgültig Schranken gesetzt. Die Welt erscheint in der Art, in der wir ihr vorschreiben zu erscheinen. Wer eine Brille trägt, zwingt die Phänomene, sich in aller Schärfe zu zeigen. Wir unterwerfen die Welt unseren Erkenntnisformen.

Diese Betrachtungsweise ist intellektuell kaum zu widerlegen, es sei denn, ihr wird einfach eine völlig andere Art des Erkennens gegenübergestellt. Wenn das Denken ein totes

132 Immanuel Kant: *Kritik der reinen Vernunft*, Vorrede zur zweiten Ausgabe.
133 Ludwig Wittgenstein: *Tractatus logico-philosophicus*, Satz 5.634.

Gehirndenken ist, wird es tatsächlich die Welt nur äußerlich betrachten können. Es trägt kein Hochzeitsgewand. Es wird aus dem Geiste herausgeworfen. Das Ausgeschlossensein ist sein Los. Wenn das Denken sich aber vergeistigt, ändert sich auch die erkenntnistheoretische Rechnung. Das Gehirndenken darf eine Linse sein, durch die die Welt als klar und scharf umrissen erscheint, ein Auge also, das sich selber nicht sieht. Das spiritualisierte Denken aber ist mehr als eine Linse. Das lebendige Denken ist eine in sich selbst ruhende Tätigkeit, die sich selber wahrnimmt, indem sie ihr Geschäft vollzieht: »In dem Denken halten wir das Weltgeschehen an einem Zipfel, wo wir dabei sein müssen, wenn etwas zustande kommen soll.«[134] Das spiritualisierte Denken ist ein sich selber erkennender Welteninhalt. Es ist eingeschlossen in dem eigenen Blickfeld, es sieht sich selbst. Es wird aufgenommen in den großen Reigen der Weltenwesen, als Geist unter reinen Geistern: »Ich ahne, dass ich Kraft muss finden, die Seele würdig zu gestalten, zum Geistes-Kleide sich zu bilden.«[135] Das vergeistigte Denken darf Hochzeit mit den Göttern feiern. Es hat sich würdig gestaltet. Es ist nicht länger dazu verdammt, am Rande der Wirklichkeit zu stehen, sondern bringt selbsttätig Weltensubstanz hervor, indem es die eigene Aktivität in ein Tor für geistige Erfahrung umwandelt: dieses Denken darf warm untertauchen in die bunte Vielfalt aller Phänomene und sich intuitiv vereint wissen mit dem, was es erkennend durchdringt.

Von dieser Ansicht mussten Kant und Wittgenstein schicksalsmäßig fernbleiben. Damit soll ihrer Denkleistung aber kein Unrecht getan werden. Innerhalb der Grenzen *ihrer* Erfahrung haben sie richtig gedacht. In dem Maße, in dem unser Denken einem Sündenfall unterliegt, also ausgetrieben worden ist, haben

---

134 Rudolf Steiner: *Die Philosophie der Freiheit*, GA 4, S. 49.

135 Rudolf Steiner: *Anthroposophischer Seelenkalender*, Woche 18.

sie tatsächlich etwas tief Menschliches zum Ausdruck gebracht, und nicht nur etwas tief Menschliches; denn in ihrem erkenntnismäßigen Ausgeschlossensein haben diese Denker auch das Schicksal gewisser geistiger Wesenheiten wiederholt. Dass bei Kant die Geste der Unterwerfung zu einer Grundzutat des Erkennens wurde, ist nicht von ungefähr. Seine Ansicht, dass unser Denken phänomenbestimmend ist und wir als Erkennende selber dafür einstehen, dass die Welt uns in dieser und nicht in einer anderen Art erscheint, hat auch spirituelle Auswirkungen. Denn wer das vergeistigte Denken realisiert, darf erleben, dass *die ganze Welt* durchzogen ist von Wahrnehmungskraft. »Sein ist Wahrnehmen und Wahrgenommen-werden«, schrieb der irische Philosoph und Priester George Berkeley (1685-1753), ein Wort, das in seiner Tiefe weitgehend unverstanden geblieben ist.[136] In diesem Grundsatz liegt der axiomatische Beginn einer spirituellen Weltbetrachtung: Dass die Welt geistig ist, heißt letztendlich, dass ihr geistige Wesen zugrunde liegen, die ihre Wahrnehmungen ständig ins Weltenall hineinschicken. Es spricht aus dieser Sicht nichts dafür, dass der Grundsatz des Kantianismus, der besagt, das Wahrnehmungen schöpferisch sind, sich nur auf menschliche Wesen beschränken soll. Geistige Wesen verfügen über Wahrnehmungskraft, und eines dieser Wesen, das vielleicht die schärfsten Blicke durch die Welt stechen lässt, die es überhaupt gibt, ist der Fürst der Kälte, Ahriman. Es gilt, die Wahrnehmungen dieses Wesens ernst zu nehmen. In seinem Opus magnum *Sphären*, einer fast dreitausendseitigen Trilogie, die eine umfassende Phänomenologie des Raumes darbietet, beschreibt Peter Sloterdijk die wild um sich herumschauenden Leiden Ahrimans mit helldenkerischer Genauigkeit: »Die Mitte der Hölle ist der Punkt in der Welt, von dem aus die Unerreichbarkeit der Welt

136 George Berkeley: *The Principles of Human Knowledge*, §3.

für den, der dort ist, angeschaut werden kann. Der Satan besitzt die volle Rundumsicht, die ihm das Ausmaß des Weltverlustes enthüllt; ihm ist das parmenideische Raumauge gegeben, um die Fülle des Entzugs zu kontemplieren; seine Amphiskopie erfasst das ganze Panorama des Verlorenen. Darum sind bei ihm Theorie und Selbstfolter dasselbe geworden; sein Sehen ist sein Leiden, sein Umblick ist sein Symptom; Weltweh nach allen Seiten.«[137] – Es gibt nicht nur Räume, es gibt auch Anti-Räume, und Ahriman bewohnt die letzteren. Er ist der Ausgeschlossene *par excellence*. Sein hasserfüllter Blick ist ohne Unterlass auf dasjenige gerichtet, was ihm unerreichbar geworden ist, die rechtmäßige Fortsetzung nämlich einer vorgeschichtlichen, ihm verloren gegangenen Urwelt, in der er Satanael geheißen hat und ein göttliches Wesen unter göttlichen Wesen war. Seine Austreibung ist ihm unverdaulich. Er kommt nicht darüber hinweg, ausgestoßen, »abkommandiert« zu sein.[138] Das Ausmaß seines Verlustes wird ihm in seinem hyperintelligenten, rastlosen Umherblicken fortwährend enthüllt. Seine Qual ist für Menschen kaum nachzuempfinden. Das Schicksal Ahrimans ist die Erfahrung einer unwiderruflichen Exkommunikation: »Über den Fürsten dieser Welt ist schon entschieden« (Joh 16,11). Auch hier trifft zu: Wirklich wissen, was es heißt, ausgeschlossen zu sein, kann ich nur, wenn ich es tatsächlich bin. Wer kann sagen, diese Exkommunikation Ahrimans wirklich geschmeckt zu haben? Sicher ist, dass dieses Wesen fortwährend versucht, zusammen mit seinem roten Bruder, der ein ähnliches Schicksal zu verkraften hat, die eigene Ausgrenzung auf uns Menschen zu übertragen. Der Sündenfall war in diesem Kampf nicht mehr als der erste Schritt.

---

137 Peter Sloterdijk: *Sphären II: Globen*, Frankfurt am Main 1999, S. 617 f.

138 Rudolf Steiner: *Geistige Hierarchien und ihre Widerspiegelung in der physischen Welt*, GA 110, 10. Vortrag.

Dabei ist Ahriman das Thema der Unterwerfung mit der Zeit immer vertrauter geworden, sowohl im passiven (als Unterworfener) als auch im aktiven Sinn (als Unterwerfer). Denn nach zweieinhalb Jahrhunderten Kantianismus ist diesem Wesen endlich aufgegangen, dass seine Wahrnehmungen, seine Erkenntnisse in der Tat zwingende Kraft in sich tragen. Er weiß bestimmt, was er tut, indem er heutzutage für das hellsichtige Bewusstsein als ein Brillenträger erscheint: Er wird der Welt – koste es, was es wolle – seine Erkenntnisformen ohne Weiteres auferlegen.[139]

Das Blickfeld des großen Herausgeworfenen, des großen Verstoßenen, wird seine persönlichen Interessen um eine Stufe gesteigert wissen, wo es wahrnehmen kann, dass Menschen nicht nur ihre Götter, sondern auch einander hinter verschlossenen Türen halten. Die Flüchtlingskrise am Anfang des 21. Jahrhunderts wird für dieses Wesen zum Lackmustest. Wird er den Menschen vorenthalten können, dass sie mit ihrem Benehmen ständig ein Urteil über sich selbst hervorrufen? »Wie ihr wollt, dass euch die Menschen tun, so sollt ihr ihnen tun« (Lk 6,31). Wer vergisst, wie sehr er selber ausgeschlossen ist, wer nicht mehr weiß, vom Hochzeitsfest ausgeladen worden zu sein, wird leicht übersehen, dass der Flüchtling letzten Endes ein apokalyptisches Spiegelbild seiner eigenen Lage ist: »Denn du sprichst: Ich bin reich und habe alles und mir fehlt nichts; und du weißt nicht, dass gerade du elend und erbärmlich bist und dazu arm, blind und bloß« (Offb 3,17). Werden nicht die Massen eines Tages die Himmelstüre bestürmen wie heute unsere Brüder und

---

139 »Wie sieht Ahriman aus?« »Es gibt eine schöne Statue, die ihn am besten darstellt, die Rudolf Steiner geschnitzt hat. Er hat ein langes Kinn und eine hohe Stirn und eine Brille auf dem Gesicht.« »Wieso hat er eine Brille?« »Zurzeit hat er eine Brille.« Wolfgang Weihrauch im Gespräch mit Etschewit in: »Was die Naturgeister sagen. Im Interview befragt«, *Flensburger Hefte, 79*, 2002, S. 106.

Schwestern aus dem Süden und dem Osten die Pforten Europas? Ahriman guckt. Sein Konto läuft. Wird der Mensch sich selbst ergründen und durch Mitleid wissend werden? Diese Frage stellt er sich, kämpfend für eine Antwort.

13 Das Mysterium der Unverletzlichkeit

Jeder Schutz trägt ein Geheimnis in sich. Jedes Geheimnis trägt einen Gott in sich. Jeder Gott trägt einen Schutz in sich. Von diesem Kreislauf der gesegneten Immunität haben alle Völker in der langen Geschichte der Menschheit gewusst. Darin haben sie ihre Kraft gefunden und damit haben sie gelebt. Eine geistige Evidenz waltet in dieser Tatsache: Eine Gemeinschaft ist nur in sich geschlossen, ist nur gesichert, indem sie die Protektionen ernst nimmt, durch die sie als Gemeinschaft erst bestehen kann. Jedes Volk braucht eine Hülle. Nicht selten war damit die Notwendigkeit einer Machtentfaltung verbunden, denn der Krieg lauerte immer. Der Feind könnte unversehens einbrechen; das Volk könnte untergehen. Wer schützt, wenn der Angriff kommt? Woher den Mut nehmen, wenn die Pfeile sausen? Wie kann das Ganze von Bestand sein, wenn das Ende naht? Diese Fragen haben bewaffnete Männer sich vielleicht nicht immer explizit gestellt. Umso mehr haben sie das Verhalten derjenigen bestimmt, die sie zu führen hatten, denn die Leiter des Volkes wussten über ihre Götter und deren schützende Kraft Bescheid. Ihr Dienst war grundsätzlich auf den Ernstfall des Standhaltens gerichtet, das heißt auf den Krieg mit einem anderen Volk. Wahrlich nicht einfacher wurde es in solchen Angelegenheiten, wenn zwei Völker, obwohl sie ethnisch grundverschieden waren, die gleichen Götter anbeteten und Anspruch auf die gleichen Begünstigungen des Schicksals erhoben. Wie sollte es da ausgehen? Die Geschichte hat uns für diese peinliche Möglichkeit ein klassisches Beispiel geliefert in dem Krieg, der vor mehr als dreitausend Jahren zwischen Troja und Achaia entbrannt ist, oder wie wir heute sagen würden, zwischen der Türkei und Griechenland: »Der Krieg um Troja eröffnete das Drama der griechischen Frühgeschichte als die erste Auseinandersetzung zwischen Westen und Osten, wobei diese Begriffe natürlich viel weniger geographisch als bewusstseins-geschichtlich gemeint sein sollen.«[140] Im Zentrum dieses meistbesungenen aller Kriege steht der Raub Helenas durch den trojanischen Prinzen Paris. Diese Geschichte ist bekannt und hat in Homer ihren zeitlosen Vermittler gefunden. Die mythologische Grandeur dieses Ereignisses lässt aber leicht übersehen, wie sich hinter diesem Drama der Leidenschaft ein anderes Kriegsmotiv verbarg, das seine esoterischen Quellen bis heute nicht erschöpft hat. Es betrifft die Vielzahl ungelöster Rätsel, die mit dem Palladium des Sieges verbunden sind. Diese Geschichte des Palladiums ist, im Gegensatz zu den Abenteuern des Odysseus im Trojanischen Krieg, wenig oder nicht bekannt. Worum handelte es sich? Wie mit allem, was sagenumwoben ist, lassen sich auch hier nicht leicht Auskünfte erteilen. Eines ist aber sicher: In Troja wurde, genau wie an der anderen Seite des Hellespont, in Griechenland, die Göttin Pallas Athene verehrt. Die Göttin der Weisheit und des Kampfes wurde von den Trojanern in einem Gebilde aus Holz dargestellt, dessen genaue Größe zweifelhaft geworden ist: Einmal wird gesagt, es sei eine Elle hoch gewesen, ein anderes Mal, es habe Menschengröße gehabt.[141] Wie dem auch sei, die Trojaner haben in diesem Kultbild – eine mit Schild und erhobenem Speer bewaffnete Göttin – einen Schutzfetisch ohnegleichen hergestellt. Wer diese Statue und ihre ungeheure Sonnenkraft besäße, so wurde gesagt und empfunden, werde mit einer solchen magischen Kraft

140 Friedrich Hiebel: *Die Botschaft von Hellas*, Stuttgart 1983, S. 73.

141 Georg Hartmann: *Bewusstseinswege: Bilder aus der Geistesgeschichte der Menschheit in älteren Kulturen*, Dornach 1980, S. 34.

ausgestattet, dass jede Niederlage, jedes Überrumpeltwerden durch äußere Mächte völlig unmöglich sei. Das Palladion – so lautete der griechische Name dieser Statue – war damit für die Trojaner der Inbegriff aller göttlich-geistig bescherten Immunität. Der Inhaber dieses Bildes stand unter dem direkten Schutz Pallas Athenes. Ihm würde nichts schaden können. Dass Odysseus mittels seiner berühmten List des trojanischen Pferdes den östlichen Gegner letztendlich doch besiegen konnte, brauchte also ein Vorspiel, worauf Homer im zehnten Gesang seines Epos hindeutet: Odysseus war es angeblich gelungen, das Palladion des Sieges den Trojanern in ihrem nächtlichen Lager zu entreißen. Damit war das Schicksal Trojas im Voraus besiegelt. Pallas Athene hatte die Treue gewechselt.

Die Wirkungsgeschichte des Palladions wird von dieser hellen Stunde an bestimmt nicht uninteressanter. Für den Tiefblick des Geistes dürfte klar sein, dass die Niederlage Trojas kein welthistorisches Detail war, sondern den Übergang markierte von einer östlich orientierten Weisheit in ein westlich errungenes Wissen. Mit dem Brand Trojas fing die eigentliche Geistesgeschichte Europas an. Hellas erlebte seine Morgenstunde. Die Kriegsgenialität des Odysseus, der mit seinem Verstand seinen Kontrahenten weit überlegen war, darf damit als Vorzeichen von etwas noch Größerem angesehen werden: Athene war reif geworden für die Philosophie. Der Schutz Pallas Athenes waltete ab jetzt über den Höhen und Tiefen der griechischen Denker. Dass das Palladion mit diesem Geschichtsereignis ersten Ranges nicht ans Ende seiner Geschicke gekommen war, spricht für sich. Der Sonnengenius dieses Gebildes begann im Gegenteil in Griechenland erst recht zu strahlen. Er wurde zum Symbol der Überwindung aller dunklen Kräfte der Erde. Gerade diese Qualität des Scheinens in der Finsternis sollte dem geweihten Holz aber auch zum Verhängnis werden. Denn die Finsternis weiß, wo sie angreifen soll, um ihre Ziele zu erreichen. Die eindeutig sonnengesteuerte Kraft des Palladions, in Kombination mit ihrem genau so eindeutigen militärischen Versprechen, musste unvermeidlich eine neu aufkeimende Weltmacht verlocken: Rom sollte sich des Heiligtums bemächtigen. Wie der geheimnisvolle Gegenstand nach Rom gelangte, bleibt in der Überlieferung verworren. Auf jeden Fall ist unumstritten, dass das Palladion die Latinisierung seines Namens – Palladium – sehr wohl verdient hat: Tausend Jahre lang sollte das verehrte Artefakt mit großer Umsicht im Heiligsten des Heiligen, im Vesta-Tempel, verwahrt und gehütet werden. Die systemische Immunität dieses Weltreichs war damit gesichert. Im Zeichen des Palladiums erreichte das Römische Reich die größte Expansion einer politischen und juristischen Weltmacht, die die Menschheit je gesehen hat.[142] Das konnte viele Jahrhunderte so bleiben. Erst mit der Ankunft des Christentums in der Hauptstadt musste über das Palladium neu nachgedacht werden. Hatten die Christen nicht einen noch größeren Schutzgott gefunden in ihrem Christus? Dagegen haben die Römer sich erbittert gewehrt, fast drei Jahrhunderte lang, bis ihnen deutlich wurde, dass die Christen nicht auszurotten waren, weil ihr Gott offensichtlich zu stark war. Dennoch war es laut Rudolf Steiner gerade das Palladium mit seinen geheimen Kräften, das die ersten Christen nach Rom zog. Er sagt: »Dieses Sonnengeheimnis, es wurde empfunden als das größte geistige Kleinod der Menschheit. Und es wurde symbolisiert durch dasjenige, was man das Palladium nannte. In Troja soll es einst gewesen sein, und die Mysterienpriester in Troja drüben sollen in diesem Palladium dasjenige gesehen haben, an dem sie

142 Peter Sloterdijk: *Sphären II: Globen*, Frankfurt am Main 1999, S. 236 und S. 312-315.

gewissermaßen sakramental-kulturell, kultusartig den Leuten enthüllt haben, was das Sonnenwesen ist. Dann wurde es nach Rom gebracht, und es war ein Geheimnis des in Rom Eingeweihten, dass Rom das Palladium bewahrt. Rom bewahrte das Palladium. Und im Grunde genommen haben die eingeweihten Priester der Römer und noch die ersten Kaiser der Römer, namentlich noch *Augustus*, durchaus aus dem Bewusstsein heraus gearbeitet in der Welt, dass in Rom das größte Kleinod der Welt repräsentiert ist, wenigstens äußerlich-symbolisch, indem in dem geschätztesten Tempel unter der Grundmauer das Palladium war, das nur diejenigen kannten, die von den größten Geheimnissen des römischen Daseins wussten. Aber auf geistige Art war es denen bekanntgeworden, die das Christentum der Welt zu bringen hatten. Und aus der Erkenntnis, dass Rom den Palladiumschatz bewahrt, ging der Zug der ersten Christen nach Rom.«[143] – Auch die Urchristen im ersten und zweiten Jahrhundert wurden vom Palladium des Sieges angezogen. Sie wussten um das Sonnengeheimnis, das in ihm lebte. Es sollte ihnen aber nicht gelingen, ihre Hände auf das ersehnte Objekt zu legen. Sie wurden verfolgt, zwei Jahrhunderte lang, und als die Verfolgung vorüber war, war es zu spät. Der Kaiser, der im vierten Jahrhundert die Adoption der christlichen Religion durch das Römische Reich vorbereitete, Konstantin, war schnell genug, die heilige Statue nach Byzantium zu verlagern, wo er ein zweites römisches Imperium gründen sollte, das wiederum tausend Jahre standhielt, bis es 1453 durch die Osmanen erobert wurde. Das Palladium des Sieges blieb dort, in Istanbul, bis auf heute, begraben unter der Porphyrsäule, die Konstantin sich selbst errichten ließ, weitgehend der Vergessenheit anheimfallend.

143 Rudolf Steiner: *Anthroposophie als Kosmosophie II,* GA 208, 20.Vortrag.

Dieses sehnsüchtige Eifern für ein hölzernes Gebilde wäre nicht mehr als reiner Aberglaube und eitle Abgötterei, wenn sich darin nicht eine innere Wahrheit verbergen würde. Zwar hat Rudolf Steiner erstaunlicherweise Angaben darüber gemacht, bei welcher Sternen-Konstellation das Palladium, wenn es gefunden würde, heraufzuheben sei.[144] Trotzdem darf klar sein, dass mit all den Bemühungen um das Palladium keine fetischistische Schatzsuche gemeint sein soll. Was mit diesem Kultbild auf dem Spiel stand und steht, ist die Suche nach einem Zugang zu den Sonnengeheimnissen der Welt und zu dem, was diese Geheimnisse versprechen. Pallas Athene ist eine Göttin der Weisheit und des Kampfes. In dem Palladium des Sieges haben die verschiedensten Völker, sogar die ersten Christen, eine Hoffnung auf göttliche Hilfe inmitten der Beschwernis gesetzt. Diese Hilfe war keine äußere. Trost und Sicherheit wurden gesucht, die mit Weisheit verbunden sind. So wie Kleider den nackten Leib schützen, so umhüllt die Weisheit ihre Freunde. Das war und ist eine innere Angelegenheit, die sich einst in dem sogenannten Philosophenmantel ausdrücken durfte, dem so genannten »Pallium«, und dementsprechend in der sogenannten »Palla«, dem weiblichen Gegenstück zum Pallium: ein breites, rechteckiges Tuch, welches den ganzen Körper und das Haupt umhüllt, damit Schutz und Sicherheit in die Sichtbarkeit bringend. Noch bis zu Raffael und seiner Sixtinischen Madonna blieb dieses Bild erhalten.[145] Athene, Sophia, Maria, sie stellen auf diese Art verschiedene Stufen des himmlischen Palladiums dar, die auf Fürbitten weisheitsvoll in schwere Schicksalsstunden eingreifen, schützend, helfend,

---

144 Johanna von Keyserlinck: *Die Reise nach Byzanz – Das Palladium des Sieges*, Basel 1991, S.13.

145 Sergej Prokofieff, *Ewige Individualität: Zur karmischen Novalis-Biographie*, Dornach 1987, S. 280.

tröstend, ermutigend im Geisteskampf. So betrachtet wird das Palladium viel mehr als ein hölzerner Götze. Es wird eine geistige Brücke, ein Hoffnungsträger, der Sophia und Maria, Denken und Beten vereint.

Der Geisteskampf hat nie so getobt auf Erden, wie wir es seit hundertfünfzig Jahren erleben. Eine spürbare Labilität überlagert das Weltgeschehen, in diesem jungen 21. Jahrhundert nicht weniger als im vorigen. Hat die Menschheit im 20. Jahrhundert auf einem Vulkan getanzt, dann wandelt sie jetzt durch glühende Lava.[146] Der Ausbruch ist geschehen. Alles vermischt sich, unweigerlich: Gut und Böse, Licht und Finsternis, Grund und Abgrund. Das Zeitalter, in dem Völker sich einseitig gegen fremde Einflüsse immunisieren konnten, ist endgültig vorüber. Jeder Versuch, so vorzugehen, wie es vor Jahrtausenden berechtigt war, führt nur in bedenkliche politische Positionen. Doch möchte das Palladium wieder ausgegraben werden, wenn nicht äußerlich, dann zumindest innerlich. Darauf wartet es, danach sehnt es sich: »Das Palladium, das alte Erbstück, das aus Troja nach Rom, von Rom nach Konstantinopel gebracht worden ist, das noch weiter in die Finsternis des Ostens gebracht werden soll, das Palladium, das Sonnenkleinod, es muss warten, bis man es geistig im Westen aus dem dunklen, finsteren Schatze der bloßen Naturerkenntnis erlöst.«[147] Diese Aufgabe kann jeder übernehmen, der sich ehrlich darauf einlässt. In der Menschenweihehandlung sind wir alle, jeder auf eigene Art, Schatzsucher und Schatzgräber. Wie Odysseus im nächtlichen Lager suchen wir das Sonnenkleinod im dunklen Inneren. Das Palladium ruht in uns. Es möchte befreit und ans Licht gebracht werden. Indem wir denkend und betend an der Messe teilnehmen, fängt es an

146 Thomas Meyer: *Barfuß durch glühende Lava*, Basel 2015, S. 53.
147 Rudolf Steiner: *Anthroposophie als Kosmosophie II*, GA 208, 20.Vortrag.

zu leuchten. Wer empfängt nicht die Kommunion, ohne damit Trost, Hilfe und schützende Kraft zu verbinden? Die Menschenweihehandlung feiert jedes Mal aufs Neue den Sieg, der vor zweitausend Jahren dem Übel und der Finsternis abgerungen wurde und jeden Tag wieder abgerungen wird. Die Sonne des Palladiums scheint, wo Konsekration vollzogen und gefeiert wird. Die Welt wird hell und ruhig. Ein sanfter Jubel strahlt in die Welt hinein. Jahrhunderte schreiten in uns fort, und wir hören und wissen: »Siehe, ich habe euch die Vollmacht gegeben, über Schlangen und Skorpione zu schreiten und aufzutreten gegen alle Gewalt des Feindes; *und nichts wird euch schaden können*« (LK 10,19-20).

14 *De profundis clamavi:* Das Spritzloch der höheren Erkenntnis

Und die schwarze See wogte und wallte und wogte immer noch ruhelos weiter, als wären ihre unermesslichen Fluten ein Gewissen.

Herman Melville, *Moby Dick*[148]

Der Altar ist ein geheimnisvoller Ort. Er gibt seine Mysterien nur langsam preis. Das ist der Grund, aus dem er öfter besucht werden möchte. Die religiöse Erfahrung lebt aus ihrer Wiederholung. Die Religiosität wurzelt damit im Wesen aller Dinge: die Sonne hebt sich mehr als einmal; die Jahreszeiten werden erkannt, indem sie wiederkehren; Tag und Nacht werden möglich, indem sie alternieren. Der Altar sammelt die Bahnen und Bezüge, aus denen sich alle Wiederholung entfaltet. Diese Atmung des Kommens und Gehens, des Erscheinens und des Verschwindens, gibt nicht nur dem Menschen Leben, sondern auch der Gottheit. Im Wechselspiel des Gebens und Nehmens, des Verbergens und Entbergens, spiegelt sich das Göttliche im Menschen. Denn was heißt es, Mensch zu sein? Der Mensch zeigt und verbirgt sich zu gleicher Zeit. Wir stehen in der Welt. Wir leben und arbeiten in ihr, erleben Freude und Leid an ihr. Dieser Teil unseres Wesens ist sichtbar. Ein anderer Teil lässt sich jedoch nicht in dieser Welt auffinden. Er bleibt unsichtbar. Er entzieht sich. Er ist da und verschafft sich Geltung, aber zieht sich immer wieder zurück. Das ist unser geistiges Wesen. Diesen geheimen Teil unseres Wesens tragen wir in der Menschenweihehandlung

---

148 Zitiert nach der Übersetzung von Matthias Jendis. *Moby-Dick oder Der Wal*, München 2001.

zum Altar. Damit wird der Altar zum Bild unseres eigenen Wesens: er ist sowohl sichtbar als auch diskret. Er wartet und ist geduldig. Er schenkt die Fülle seiner Gaben nur denjenigen, die zu ihm zurückkehren. Der Glaube, sagte Goethe, ist Liebe zum Unsichtbaren. Er ist eine Offenheit für das Geheimnis, eine Bereitschaft, angesprochen zu werden. Diese Bereitschaft, ein enthüllendes Wort zu hören, eine segnende Geste zu empfangen oder die Stille zwischen den beiden zu ergründen, ist Voraussetzung dafür, jene schwer zu fassende Sache zu erleben, die wir Wahrheit nennen. Denn Wahrheit ist nicht nur die Feststellung einer Tatsache. Sie ist nicht das Liefern einer richtigen Aussage oder die Verifikation bestimmter Sachverhalte. Wahrheit ist viel mehr als das. »Nicht ein starres, totes Begriffssystem ist die Wahrheit, das nur einer einzigen Gestalt fähig ist; sie ist ein lebendiges Meer, in welchem der Geist des Menschen lebt, und das Wellen der verschiedensten Gestalt an seiner Oberfläche zeigen kann.«[149]

Die Ahnung, dass Wahrheit nicht Richtigkeit ist, sondern eine unermessliche, bewegliche Kraft, die sowohl eine Oberfläche zeitigt als auch verborgene Tiefen birgt, eröffnet neue Möglichkeiten des Denkens. Martin Heidegger war es vergönnt, diese Möglichkeiten mit einzigartigem Können zu erproben.[150] Ganz zu Hause in der griechischen Sprache, ließ er die Wörter für sich sprechen. Wahrheit heißt auf griechisch *aletheia.* Dieses Wort und seine Grundbedeutung haben den Schwarzwälder Denker tief ergriffen. Denn wer gut zuhört, kann vernehmen, dass das griechische Erblicken und Erschauen die Wahrheit mit einer Bewältigung der Offenheit in Zusammenhang bringt. Das etymologische Genie Heideggers hat hier nur das Evidente artikuliert.

---

149 Rudolf Steiner: *Goethes Weltanschauung*, GA 6, Kapitel »Persönlichkeit und Weltanschauung«.

150 Martin Heidegger: *Einführung in die Metaphysik*, Tübingen 1953.

Denn die Etymologie könnte in diesem Fall kaum einfacher sein: Das Wort *aletheia* besteht aus dem Wort *Lethe* und seiner Negation, *a*. In der griechischen Mythologie ist die Lethe der Fluss, der Vergessenheit bringt. In diesem Sinne ist er das Gegenbild des Styx, des Flusses, der Erinnerung bringt. Bevor ein Mensch geboren wird, watet er durch die Lethe. Er vergisst damit sein vorgeburtliches Leben. Der Teil unseres Wesens, den wir beim Betreten dieser Welt vergessen, ist damit der Teil, den wir bei der Geburt zurücklassen. Es ist der Teil, der uns und anderen verborgen bleibt, geschützt im Geiste, wenn es sein soll, ein Leben lang. Wenn wir sterben, erinnern wir uns, wer wir eigentlich sind. Sterben ist Bekanntgeben. Wir werden wieder verbunden mit unserem Kern, mit unserem ewigen Wesen, und wir erwachen. Dieses Erwachen geschieht, indem wir durch den Styx waten. Wenn Wahrheit *aletheia* genannt wird, dann gibt das Wort also selbst preis, dass das Wahre laut den Griechen die Schleier aller Unwissenheit lüftet. *Aletheia* ist die Freisetzung dessen, was zurückgeblieben ist. Wahrheit ist die Eröffnung von dem, was mit der Geburt verschlossen wurde. Der wahrhafte Mensch oder das wahrhafte Ereignis ist damit der oder das, was sich in der Unverborgenheit aufhält und diese Unverborgenheit auch aushält. Für Heidegger wurde es immer wichtiger, dies nicht nur intellektuell zu erfassen, sondern es bis zur letzten Konsequenz intensivst zu durchleben. Das hat er im Denken geleistet. Es wurde ihm deutlich, dass Wahrheit nicht so sehr einer Anhäufung von Steinen gleicht, also die Summe vieler richtiger Beobachtungen ist, sondern eher dem Wasser ähnlich ist. Er überquerte die Lethe und folgte ihr nach. Sein Denken wurde lebendig. Der Ozean des Seins eröffnete sich ihm.

In der Meditation, die Rudolf Steiner bei der Weihnachtstagung der Anthroposophischen Gesellschaft 1923 vorgelegt hat, ist nicht von ungefähr die Rede vom *Geistesmeereswesen.* Diese völlig neue Sprachschöpfung weist mit einem einzigen Wort darauf hin, dass das Geistige und das Ozeanische in einer Kongruenz stehen. Wir leben in den Gliedern, die uns durch die Raumeswelt in den Ozean des Geistes tragen. In dieser voluminösen Flüssigkeit kündigt sich die Sphäre des Vatergottes an. Ein wunderbares Umwechseln der Elemente findet statt für denjenigen, der sich diese Meditation zu Herzen nimmt. Nichts ist mehr trocken für ihn. Indem wir gehen, fangen wir tatsächlich an zu schwimmen. Das Wasser des Lebens umgibt uns, auch wenn wir nichts davon wissen. Wenn wir aus dem Schlaf der Alltäglichkeit erwachen – das heißt: wenn wir okkultes Wissen erwerben –, fängt dieses Wasser an, erneut zu fließen. In ihrer festeren Version wird die Lethe auch eine Schwelle genannt. Kommen wir damit zurecht, dass unser tiefstes Wesen, unser wahres Sein, nur jenseits der Schwelle gefunden werden kann? Können wir uns zu dem erheben, was bei unserer Geburt ungeboren bleibt und was sich bei unserem Tod als unsterblich erweist? Sind wir in der Lage, uns mit dem verborgenen Teil unseres Wesens zu vereinen? *»Ich schaue in die Finsternis«*, schreibt Rudolf Steiner in einer Meditation. *»Ich schaue in die Finsternis:/ In ihr entsteht Licht,/ Lebendes Licht./ Wer ist dieses Licht in der Finsternis?/ Ich bin es selbst in meiner Wirklichkeit./ Diese Wirklichkeit des Ich/ Tritt nicht ein in mein Erdendasein./ Ich bin nur Bild davon./ Ich werde es aber wiederfinden,/ Wenn ich,/ Guten Willens für den Geist,/ Durch des Todes Pforte gegangen.«*[151] – Diese Meditation enthüllt in aller Kürze, dass Wahrheit nicht im Licht – oder zumindest nicht zuerst im Licht –, sondern in der Finsternis gefunden wird. Unser wahres Wesen finden wir nur, indem wir uns

151 Rudolf Steiner: *Anweisungen für eine esoterische Schulung*, GA 42/245, S. 76.

vom Ufer der Lethe absetzen. Die Ufer der Vergessenheit sind die Finsternis. Es gilt in diese Finsternis hineinzuschauen und sie schauend zu ertragen. Nur in der Nacht werden die Sterne sichtbar. Der Tod soll ein Freund werden, bevor das Licht des Lebens, das Leben des Geistes, uns erleuchten kann. Zwischenmöglichkeiten sind da ausgeschlossen. Es gibt keine Abkürzungen ins Himmelreich.

Im Alten Testament ist es vor allem Jona, der um diese Tatsache weiß. Jona wird vom Wal verschluckt. Er wird in die Tiefen des Ozeans heruntergeschleppt. Da begegnet er, dem er gerade zu entfliehen versuchte: dem Abgrund. Er reitet nicht auf dem Rücken, sondern im Bauch seines Lasttieres. Der Wal, so wissen wir, ist in der Lage, Tausende Meter tief zu tauchen. Dieses große, plumpe Wesen steigt hinab, wohin kein Mensch mehr folgt. In stiller Massivität gleitet es durch die Wasser. Die Oberfläche ist nur eine vage Erinnerung, ein Bildrest aus einer anderen Welt, wenn dieser Koloss sich seine schwerfällige Bahn bricht. Wasserräume riesigen Umfanges staunen in Ehrfurcht, wenn dieses Tier sein Gewicht verlagert. Ein dunkler Weg wird sanft errungen. Die Sonne scheint, sicherlich, aber nicht hier, nicht jetzt. Jeder Strahl wird zurückgewiesen. Eine düstere Dichtheit scheint immer größer zu werden, eine dumpfe Stille verklingt. In diese ungöttlichen Gegenden wird Jona geworfen, und wer weiß, ob er es überhaupt überleben wird. Dann tritt seine Rettung ein. Wenn er die Oberfläche erreicht, nicht nur des Meeres, sondern auch seiner Prüfung, weiß er, was die Tiefen der Finsternis ihm abverlangen. Er gleicht jetzt seinem Träger. Der Wal ist nur in der Lage, unerhörte Meerestiefen zu erreichen, weil er auf dem Weg nach unten etwas mitnimmt: seine besondere Art zu atmen. Der Wal atmet ein und aus mittels eines Spritzlochs auf dem Rücken. Der Körper des Walfisches ist geöffnet, aber nicht nach unten, sondern nach oben. Diese delikate Offenheitsstelle in seinem Organismus verbindet ihn mit den Oberwelten, auch wenn er die Tiefen des Meeres aufsucht. Jona übernimmt nun dieses Atmungsmysterium. Er hat den Vatergott erlebt, den Grund alles Seins, die tiefste aller Welten, aber das Geistesmeereswesen, der lebendige Ozean des Geistes, überwältigt ihn nicht mehr. Er hat sich geöffnet für das, was über ihm residiert. Er ist ins Offene gebracht. Er hat sich selbst gefunden. Seine Worte sind wahrhaft geworden.

In Heideggers Denken waren diese religiösen Untertöne nie weit weg. In dem Buch, mit dem er seinen Ruf als der wichtigste Denker seines Jahrhunderts etablierte, *Sein und Zeit*, schreibt er über den Sturz des Menschen in die Welt. Der Mensch – oder das Dasein, wie er ihn nennt – ist in die Welt geworfen. In seiner Geworfenheit ist der Mensch zuerst verloren: Angst ist ein Grundmodus des Daseins. Geboren werden heißt ins Tiefwasser geworfen sein. Der Prozess des Aufwachsens, kulminierend in echtem oder vermeintlichem Erwachsensein, bringt gerade dies zum Bewusstsein. Unser wahres Selbst ist in all dieser Finsternis nicht mehr als eine Erinnerung, die ständig dabei ist, der Vergessenheit anheimzufallen. Das ist, wie die Dinge liegen. Damit wir leben können, damit wir überhaupt geboren werden können, sollen wir vergessen, woher wir kamen. Die Wahrheit ist ein Geheimnis, von dem wir nicht einmal wissen, dass es geheim gehalten wird. Wir sind ein Spiegelbild – nichts anderes –, wenn wir anfangen, uns selbst kennenzulernen. Unser Geworfensein in die Welt bringt es mit sich, dass wir in die Erscheinung einer Persönlichkeit eingehüllt werden, statt in das Wesen einer Individualität: Maskiert stehen wir in der Welt, unser eigentliches Wesen verbirgt sich. Das sind die Notwendigkeiten des Inkarnierens. Damit kommen wir aber in eine Schieflage zu uns selbst.

Eine subtile Unaufrichtigkeit nistet sich in uns ein, von Anfang an. Heidegger hat einen Namen für dieses Schauspiel. Er nennt es »leben, wie ›Man‹ lebt«. ›Man‹, das sind alle anderen, soweit sie unsere Beziehung zur Wahrheit hindern, aber nicht als eine Kraft außer uns, als etwas Fremdes, sondern als etwas in uns, eine voll integrierte Hemmung, die ständig und meistens sogar unbemerkt ihre sperrende Tätigkeit entfaltet. Das ›Man‹ ist dasjenige in uns, was uns fortwährend treibt, uns selbst zu entfliehen. Es ist die Macht der Uneigentlichkeit, das graue Wesen der Mittelmäßigkeit, das uns alle ergreift, ob wir es wollen oder nicht. Das ›Man‹ verschließt den Zugang zu dem unsichtbaren Teil unseres Wesens. Mit phänomenologischer Brillanz beschreibt Heidegger nun, wie der Mensch die Neigung hat, nicht er selbst zu sein, sondern stattdessen das Bild vorzieht, das andere auf ihn projizieren. Wir leben keine authentischen Leben: »Jeder ist der Andere und Keiner er selbst.«[152] Gibt es einen Weg aus dieser Sackgasse heraus? Den gibt es. Wir sollten uns einfach leisten, jede Durchschnittlichkeit und Einebnung fahren zu lassen und den Anderen nicht mehr vorbehaltlos entgegenkommen. Wir sollten eine Enthemmung durchführen, die uns gesellschaftlich im Abseits stehen lässt, aber ohne dass wir dabei irgendwelchen Schaden davontragen. Dieser pointierte Authentizitätsgriff setzt uns in vorher unvermutetem Ausmaß frei. Wir entdecken die Welt aufs Neue. Was fern war, rückt nahe. Wir schaffen eine Verbindung zu uns selbst. »Wenn das Dasein die Welt eigens entdeckt und sich nahe bringt, wenn es ihm selbst sein eigentliches Sein erschließt, dann vollzieht sich dieses Entdecken von ›Welt‹ und Erschließen von Dasein immer als Wegräumen der Verdeckungen und Verdunkelungen, als Zerbrechen der Verstellungen, mit

152 Martin Heidegger: *Sein und Zeit*, Tübingen 1960, S. 128.

denen sich das Dasein gegen es selbst abriegelt.«[153] – Dieser Akt der Selbstfindung bringt uns in einen Bezirk, wo sich die Dinge ungestört zeigen können. Das ist es, was die Griechen *aletheia* genannt haben. Diese Art von Durchbruch ist nur den Ausharrenden vorbestimmt. Denn bald wird deutlich, dass in dem Moment, in dem wir die Lethe rückwärts durchwaten – dem Moment also, in dem wir die Schwelle überschreiten, um uns selbst zu begegnen –, nicht nur wir selbst, sondern die ganze Welt in einem neuen Licht erscheint. Alle verborgenen Dinge brechen auf. Die Wahrheit liegt vor uns, unzweideutig, in einfacher Offensichtlichkeit. Meistens sind wir nicht geneigt, dieses Geschehen zu schätzen. Wie Jona möchten wir uns selbst entfliehen. Wir sind so an die Dunkelheit gewöhnt, dass das Licht uns ein unwillkommener Gast wird. Das ›Man‹ winkt. Sind wir dieser Lage aber doch gewachsen und erinnern wir uns, wer wir sind, dann taucht aus Meerestiefen unser wahres Wesen auf. Frühere Leben werden Teil unseres Geisteskampfes. Unser Horizont wird weit. Dieses Ringen unserer Seele bringt neue Komplexitäten und Verflechtungen, neues Staunen und neue Schrecken, ganz gewiss, aber es sind erlösende Kräfte, die uns jetzt besuchen. Die alten Mysterien werden neu. Der Schlüssel ist hier, heute wie damals, Mut in Selbsterkenntnis – die Bereitschaft, zu enthüllen, konsistent und kompetent.

Das Einstellen jedes unaufrichtigen Nachahmens bringt uns in einen offenen Raum, den Heidegger eine *Lichtung* genannt hat. In einer bemerkenswerten Leistung des Denkens durchwandert er nun denkerisches Neuland. Denn die Lichtung ist nicht nur das, was sich eröffnet, wenn der Mensch sich selbst gegenüber ehrlich ist; es ist auch die geheimnisvolle Stätte, wo Götter erscheinen und verschwinden. Die Lichtung ist der Schauplatz

153 Ebenda, S. 129.

der Wahrheit. Sie ist »der Ort des Denkens«, die maßlose Weite, wo Götter und Dämonen sich begegnen. In diesem großartigen Entfaltungsort werden alle wesentlichen Entscheidungen des Schicksals getroffen. Denn indem das Menschenwesen sich wieder mit dem verborgenen Teil seines Wesens verbindet, findet es nicht nur das eigene Selbst, sondern auch etwas, das weit darüber hinausgeht. Indem die Lichtung betreten wird, indem wir uns mit der Unverborgenheit auseinandersetzen, fangen wir an zu ahnen, wie wir der Schnittpunkt einer bunten Vielheit geistiger Wesen sind, guter sowohl als böser. Indem wir in die Finsternis schauen, indem wir das schwarze Meer erblicken, in dem sich das Tier aus dem Abgrund verborgen hält, stoßen wir auf ein Gewissen, das uns sowohl angehört als auch nicht angehört: Wir tauchen in die Tiefe und werden eins mit ihr. Wir fühlen uns selbst und etwas viel Größeres als uns selbst. Ein geflüstertes Gebet beseitigt jeden letzten Zweifel: Wir wissen jetzt, wie sehr wir vergessen hatten, wie nah die Götter sind.

Diese Tätigkeit der denkerischen Kontemplation lässt sich nicht leicht erringen. Sie erfordert Geduld und Glauben und die treue Übung, die wir Wiederholung nennen. Das ist die zarte Disziplin, die wir freudevoll wahren. Wir wissen, wo wir hinsollen. Der Altar ist ein geheimnisvoller Ort. Er ist eine Lichtung in einer Welt der Unwahrheit, ein Ort für die Aufrichtigen. Der Altar löst seine Versprechen ein. Indem wir ihm unsere Geheimnisse zu Füßen legen, immer wieder, steigen wir hinauf und öffnen uns. Erinnerung erwacht. Sonnenlose Existenz hört auf. Wir steigen durch die heller werdenden Wasser, langsam aber beständig. Wir spüren die hebenden, weiterhin rastlos sich hebenden Wellen über uns und nahen uns selbst. Unser Spritzloch sehnt sich nach der Luft. Wir brechen durch die Oberfläche – und atmen.

III Versuche in der Leere

15 Die Inszenierung des Verschwindens

Auf einem Gemälde des amerikanischen Malers Edward Hopper sehen wir ein leeres Zimmer, gebadet in Sonnenlicht. Das Bild hat den schlichten, aber ganz und gar zutreffenden Titel »*Sun in an empty room*«. Ein leeres Zimmer kann das Gefühl einer gewissen Abwesenheit wecken: Jemand ist fortgezogen, verschwunden, er oder sie ist nicht mehr da. Leere ist immer eine Leere, die jemand oder etwas hinterlassen hat. In diesem Falle aber gilt dies nicht. Das Bild ist keine Evokation einer Abwesenheit; es ruft im Gegenteil die unverkennbare Stimmung einer gesteigerten Anwesenheit hervor. Wie kann das sein? Edward Hopper berührt hier ein Geheimnis, das mit der Zartheit geistiger Erfahrung zu tun hat. Gerade darin liegt der Tiefsinn seines Bildes: Hopper ist in der Lage gewesen, in dem Verschwinden des Vorhandenen, in der angeschauten Leere, das Anwesendsein schlechthin zu malen. Die Sonne hat freie Bahn, sie stößt sich an nichts, kein Stuhl, Tisch oder Mensch steht ihr im Wege. Nur die Wände, der Fußboden und die Fensterbank beschränken ihr Ausgießen von Wärme und Licht. Aber das muss sein, denn Wände, Fußboden und Fensterbank führen letztendlich die Bedingungen dazu herbei, dass der Raum überhaupt als leer erscheinen kann und damit die Fülle des Seins erlebbar wird. Leere ist immer Leere in etwas anderem. Die Fülle der Anwesenheit zeigt sich nur in der Beschränkung.

Diese Beschaffenheit, die im Leerwerden die Erfüllung findet, ist alt, mindestens so alt wie die Erleuchtung des Buddha, sechs Jahrhunderte vor Christus. Sie hat in der abendländischen Mystik einen starken Vertreter in Meister Eckhart gefunden, um so bis in die Stimmungen und Gedanken Schopenhauers, Hegels und Heideggers weiterzuwirken. Wir müssen verschwinden, ein Nichts werden, uns unseres Selbst entledigen, damit der Weltenwille, der Weltengeist, das Weltensein an uns offenbar werden kann. Vielleicht liegt darin auch das Wesen jeder Weihe, sei es einer Priesterweihe, einer Substanzweihe oder einer Menschenweihe: Das Geweihte wird aufgegeben, einer anderen Sphäre gewidmet, um so erst seine wahre Wesensentfaltung zu finden. Wer das, was geweiht werden will, irgendwie behalten möchte, stört den Weihevorgang. Eine Weihehandlung ohne Opfer wäre demnach und gerade darum eine Unmöglichkeit. Nur im Geben und Aufgeben, im Verschwinden des Eigenen, wird die Wandlung des Vorhandenen möglich: Weihen ist die Offenbarung der Fülle in dem, was leer geworden ist.

In diesem Zusammenhang leuchtet ein oft zitiertes Wort von Paulus ein; oft zitiert, aber oft auch ein bisschen übersehen und überhört, weil es im Kontext des »Hohelieds der Liebe« erscheint, am Ende des 13. Kapitels im 1. Korintherbrief: »Denn jetzt sehen wir in einen Spiegel, in dunkle Konturen, dereinst aber sehen wir von Angesicht zu Angesicht.« Diese dunklen Konturen, über die Paulus spricht, sind die Schatten und Illusionen dieser Welt, alle Undurchsichtigkeiten, Trugbilder und Wahnideen, die unser Leben begleiten und durchkreuzen. Der indische »Vedanta« hat hier von »Maya« gesprochen, dem Schleier der Unwahrhaftigkeit, der alles Seiende umhüllt und in Schein versetzt. Dass wir die Welt im Sinne des Paulus wie gespiegelt erleben, erfährt erst aus dieser Sicht einen Sinn. Spiegelbilder lügen; und sei es nur, weil eine linke Hand im Spiegel als rechte Hand erscheint. Wo gespiegelt wird, herrschen Illusion und Unwirklichkeit: Das Spiegelbild hat kein Eigenleben, sondern gibt das Leben starr wieder, kalt und rücksichtslos. In dem Maße, in dem wir in einer gespiegelten Welt leben, einer Welt der Maya, einer Welt, die geistlos scheint, obwohl sie es nicht ist, leben wir also außerhalb der Wahrheit. Daran könnte man verzweifeln. Wie sollen wir denn die Wirklichkeit erreichen, nicht das Bild der Wirklichkeit, sondern die Wirklichkeit selbst? Vielleicht wäre eine Antwort: Indem wir durch den Spiegel hindurchschreiten. Das können wir versuchen, sogar wörtlich: Ich stelle mich vor einen Spiegel und versuche hindurchzugehen. Nicht heftig und brüsk natürlich, dann würde der Spiegel zerbrechen und ich würde mir wehtun. Also nähere ich mich dem Glas in ruhiger Bewegung, zuerst meine Hand. Die Finger drücken vorsichtig am Spiegel, und dann tritt es ein, fast unbemerkt: Ganz sanft und zart gehe ich hindurch, ohne das Glas zu zerbrechen. Aber was passiert? Meine Finger verschlucken sich selber, und dann verschluckt sich meine ganze Hand, dann mein Arm. Je mehr ich durch den Spiegel hindurchschreite, umso mehr verschwinde ich. Wenn ich ganz hindurchgegangen bin, bin ich ganz und gar verschwunden. Schaue ich erst in diesem Verschwinden von Angesicht zu Angesicht?

Meister Eckhart bringt immer wieder den Gedanken vor, dass nur der Mensch der Fülle des göttlichen Seins innewird, der durch das Nichts hindurchgegangen ist. Wer nicht bereit ist, im Nichts zu verschwinden, innerlich leer zu werden und sich selbst aufzugeben, bleibt außerhalb des wahren Seins. Das wäre ein Leben in der gespiegelten Wirklichkeit, in der Maya. Das wäre ein Leben, das an sich selbst festhalten will und gerade darum auch im Schein zu ertrinken droht, um am Ende sich selbst erst recht zu verlieren: »Denn wer das Leben seiner Seele erhalten will, wird es verlieren; wer aber das Leben seiner Seele preisgibt um meinetwillen und um der Heilsbotschaft willen, der wird es erhalten« (Mk 8,35). – Etwas davon muss Edward Hopper aufgegangen sein, als er sich dazu brachte, ein leeres Zimmer zu malen, um so ein Ausgefülltsein in Erscheinung zu bringen, das ohne diese Leere nie zu verspüren wäre. Hat in diesem Zimmer jemand sich selbst verloren, um sich zu finden? Indem die Gegenstände in diesem Bild verschwinden, wird auf jeden Fall die weihende Wirklichkeit sichtbar, die alles andere erst ermöglicht: ein helles, sonnendurchstrahltes Fluten, das schenkt und spendet, ohne Unterlass.

Irgendwie, irgendwann müssen wir alle durch den Spiegel hindurch. Der Tod ist das große, zwangsläufige Verschwinden, das auf uns alle wartet. In der Inszenierung des eigenen Verschwindens aber, in der Meditation, im Mitvollziehen der Weihehandlung oder in einer Priesterweihe, die sich täglich erneuern lässt, nehmen wir etwas davon vorweg. Wir gehen durch den Spiegel des Seins hindurch. Das Zimmer ist leer. Die Sonne scheint.

16 Die Pforten des Nichts

Seitdem eine Flutwelle des Indischen Ozeans die Küste Indonesiens überschwemmte, ist das japanische Wort »Tsunami« weltweit bekannt. Diese Naturkatastrophe gilt als eine der schlimmsten überhaupt. Das Erdbeben, das ihr vorausging, war das drittschwerste, das jemals gemessen wurde; die Verwüstung wurde in den Nachrichten als »apokalyptisch« bezeichnet. Das Wort »Tsunami« und das, wofür es steht – eine alles überwältigende unabsehbare Wassermasse –, lässt sich schlecht als Bild gebrauchen. Vergleiche werden immer hinken. Dennoch trägt das Phänomen der Flutwelle etwas in sich, wodurch es zu Recht in Zusammenhang mit der Apokalypse gebracht wird. Die Bewegungskraft, die eine Flutwelle entwickelt, gibt nämlich etwas davon preis, wie eine Überrumpelung entsteht: Bevor die Flutwelle sich der Küste nähert, zieht sie das ganze Wasser zu sich. Die Welle nährt sich aus der Wassermasse, die sie vor sich hat, weniger aus der Wassermasse in ihrem Rücken. An der Küste zieht sich die Wasserkante plötzlich zurück – mit einer dramatischen Geschwindigkeit, die Unheil verkündet. Der Flut geht eine rasend schnelle Ebbe voraus. Das gesamte Wasser wird zurückgesogen, um dann brüllend und mit zerstörerischer Macht zurückzukehren. Die Dynamik des Leergesogenwerdens, um bald darauf überrumpelt zu werden, bleibt nicht nur der Flutwelle vorbehalten. Es ist auch die einer Angstattacke. Wer mit der Angst vertraut ist, weiß das. In der Angst fühlen wir zunächst und vor allem ein Entleertwerden. Wir haben keinen Halt mehr, weder in uns noch in der Welt. Der Boden scheint unter uns wegzurutschen. Wir fühlen uns wie ein Sack, aus dem alle Luft abgelassen wird. Exakt in dieser Beengung werden wir übermannt von etwas, das wir nicht deuten können: Raum und Zeit überschlagen sich über uns und verschlingen uns. Wer aus Angst nicht aufschreit, den hat sie bereits gelähmt; ein Meer von Wirklichkeit hat ihn bereits überspült. Angst ist ein Ertrinken in der Fülle dessen, was ist.

Es ist kein Zufall, dass die Angst als Thema erst spät in unserer Geschichte auftaucht. In früheren Zeiten kam es häufig darauf an, tapfer zu sein: auf dem Schlachtfeld Auge in Auge mit dem Feind oder in den Tempeln Auge in Auge mit den Göttern. Mut gab es schon immer und die Furcht auch. Angst zu haben ist allerdings etwas anderes, als furchtsam zu sein. Die Existentialisten, die im Laufe des 19. und 20. Jahrhundert die Angst als Ausdruck eines Urzustandes unseres Menschseins artikulierten, haben mit Recht darauf hingewiesen, dass Angst und Furcht zwei sehr unterschiedliche Phänomene sind. Die Furcht ist immer auf etwas gerichtet, das unmittelbar vorhanden ist: ein Löwe, ein Messer, ein Gewehr. Angst ist keine Furcht. Im Gegensatz zur Furcht ist die Angst ungerichtet; Angst ist immer Angst vor dem Unbestimmten, dem Vagen und Abwesenden. Das ist keine Nebensächlichkeit. Dass sich die Angst insbesondere auf »nichts« richtet, ist vielsagend. Dieses »Nichts« ist nämlich eine Leere, die gerade in der Angst erfahrbar wird: Die Angst, so legt Martin Heidegger dar, führt uns hinein in das Wesen des Nichts. »Dass die Angst das Nichts enthüllt«, so schreibt er, »bestätigt der Mensch selbst unmittelbar dann, wenn die Angst gewichen ist. In der Helle des Blickes, den die frische Erinnerung trägt, müssen wir sagen: wovor und worum wir uns ängsteten, war ›eigentlich‹ – nichts. In der Tat: das Nichts selbst – als solches – war da.«[154] In der Angst fürchten wir uns nicht *vor* etwas, sondern stehen im Gegenteil vor der vollkommenen Abwesenheit *von*

154 Martin Heidegger: *Wegmarken*, Frankfurt am Main 1996, S. 112.

etwas. Die Leere des Seins starrt uns an. Diese Erfahrung, vor dem Nichts zu stehen, oder vielmehr: vom Nichts aufgenommen und dadurch verschlungen zu werden, ist keine Erfahrung des Menschen aus der Antike oder des Mittelalters. Das griechische Wort »Kosmos« hat einen Beiklang von Fülle und harmonischer Vollkommenheit, in der man nach dem Nichts lange suchen müsste. Erst im späten Mittelalter, das den Übergang in eine andere Epoche – nämlich die Moderne – markiert, stoßen die Mystiker auf »etwas«, das sie »Nichts« nannten.[155] In diesem Bewusstseinsraum erhält die Angst ihren nährenden Untergrund. Angst ist also ein Phänomen, das erst in einer Zeit auftreten kann, in der der Mensch selbstbewusst wird: eine Zeit, in der Götter und Engel sich zurückziehen und sich die Welt entschiedener enthüllt; eine Zeit in der Tat, die im Zeichen der Apokalypse steht. Dass wir in der Angst in zu viel Wirklichkeit ertrinken und dass die Angst gleichzeitig das Nichts offenbart, scheint ein Widerspruch zu sein, ist es aber nicht. Für ein tieferes Erleben wird deutlich, dass sich die Welt erst wirklich zeigt im Durchgang durch das Nichts – und eben auch durch die Angst, die damit einhergeht. Das Nichts, die große Leere, ist die Pforte zum Sein.

Um diese Pforte zum Sein geht es in der Apokalypse. Apokalypse bedeutet nicht nur, vor schrecklichen Bildern zu stehen, sondern auch und vor allem die Enthüllung dessen, was zutiefst *ist.* Das Nichts ist der Vorhof vor dieser Enthüllung. Die Abgründe des 20. Jahrhunderts, die nicht nur Mystiker, sondern auch ganze Bevölkerungsgruppen vor das Nichts stellten, sind allein hieraus zu begreifen. Im 19. Jahrhundert propagierte Friedrich Nietzsche die »Umwertung aller Werte«: Worauf die Menschheit jahrhundertelang vertraut hatte – ein in sich ruhendes Ganzes aus jüdisch-christlichen Basisprinzipien – sollte, so schrieb

155 Meister Eckhart: *Predigten*, Zürich 2000, S. 287.

er, sich als Riese auf Lehmfüßen erweisen. Der Einsturz dieses Wertesystems lag auf der Hand, und die Menschheit lernte unvermeidlich die Tiefen des Nihilismus kennen. Gott ist tot. Wir fallen fortwährend nach hinten, seitwärts, vorwärts, überallhin; wir irren durch ein unendliches Nichts umher, so schrieb Nietzsche.[156] Unrecht hat er nicht bekommen. Der moralische Bezugsrahmen verschwand tatsächlich, und das mit einer Geschwindigkeit, die er selbst vermutlich nicht für möglich gehalten hätte. Vierzehn Jahre nach seinem Tod war Europa von Leichen übersät. Ein paar Jahrzehnte später hatte der Nihilismus dermaßen an Kraft und Fahrt zugenommen, dass die industrielle Auslöschung ganzer Völker möglich wurde. Die moderne Menschheit schaute in den Abgrund und lernte, was ihr Prophet sechzig Jahre zuvor schon wusste: »Wer mit Ungeheuern kämpft, mag zusehn, dass er nicht dabei zum Ungeheuer wird. Und wenn du lange in einen Abgrund blickst, blickt der Abgrund auch in dich hinein.«[157]

Auch wenn der Vergleich mit dem Tsunami meist hinkt, scheint er in diesem Fall nicht überzogen zu sein. Das 20. Jahrhundert rollte wie eine Flutwelle, die sich aus dem speiste, das sie leersog. Die Menschheit lag brach und wurde überspült. Das Schicksal nahm seinen Lauf. In gewisser Hinsicht hat sich das bis heute nicht geändert. Wer kann sagen, dass diese Geschehnisse des letzten Jahrhunderts zu Ende gekommen sind? Wie einen halb bewussten, dunklen Rest schleppen wir die letzten hundert Jahre mit uns. Die Geschichte geht weiter. Denn es ist eine Illusion, zu glauben, dass die Kräfte, die das vorige Jahrhundert verunstaltet haben, inzwischen versunken seien. Die Apokalypse ist nicht abgeschlossen. Die Psychiatrisierung der Angst – wenn auch in einigen Fällen unzweifelhaft berechtigt – will dies nicht

156 Friedrich Nietzsche: *Die fröhliche Wissenschaft*, Absatz 125.

157 Friedrich Nietzsche: *Jenseits von Gut und Böse*, Absatz 146.

für wahr halten. Der Norm entspricht, wer fit und fröhlich ist. Wer davon abweicht, muss Medikamente verabreicht bekommen. Eine falsche Glücksideologie sorgt dafür, dass die Angst von ihrer Basisfunktion entfernt wird: Organ zu sein nämlich für die Endlosigkeit der Leere. Hier dürfen wir uns nichts vormachen. Wir verpassen etwas, wenn wir uns selbst blind machen für die Tatsache, dass Angst, in all ihrer Dunkelheit und Widerlichkeit, gleichzeitig Zugang gewährt zu etwas anderem. Es darf nicht so weit kommen, dass mit der Angst auch die Apokalypse psychiatrisiert wird! Wir leben in einer Zeit großer und fundamentaler Seinsenthüllungen. Dazu gehört der Blick in den Abgrund. Das ist ein Drama, aber auch eine Chance, die gerade in der Angst ergriffen werden kann. Die Finsternis will erkannt und erkundet werden. Nur so lichtet sich die Welt in ihrer Tiefe auf. Bei Heidegger heißt es daher: »Das Sichängsten erschließt ursprünglich und direkt die Welt als Welt.«[158] Das heißt, die Angst schließt uns nicht ab, sondern öffnet uns gerade – und zwar für etwas, wovor wir nur allzu gerne fliehen: dem Abgrund, auf dem unsere Welt tanzt. Wenn wir das Wort »Welt« in diesem Zitat in seiner antiken Bedeutung anschauen – das heißt: als Kosmos –, dann erschließt die Angst uns also nichts weniger als das Weltall selbst. Das scheint merkwürdig, aber warum sollte es nicht so sein? Dass die Angst unangenehm ist, darf nicht als Argument gegen sie gebraucht werden. Wenn es Menschheitsaufgabe ist, über den Abgrund zu gelangen – da erst auf der anderen Seite der Geist gefunden wird –, dann müssen wir es halt auch ertragen lernen, dass der Abgrund uns in der Angst anschaut, in uns *hineinblickt*, wie Nietzsche sagt. Wenn wir uns erholt und neu gerüstet haben, werden wir bereichert aus dieser Erfahrung zurückkommen.

158 Martin Heidegger, *Sein und Zeit*, Tübingen 1960, Absatz 40.

Was das betrifft, ist es sicher kein Zufall, dass Angst und Freiheit miteinander zusammenhängen. Selbstverständlich sind wir in der Angstattacke höchst unfrei. Aber doch legt die Angst in uns gerade die Dimension bloß, die mit der Freiheit in die Welt gekommen ist. Die Götter konnten erst freie Menschen ins Weltall stellen, indem sie ihre eigene Göttlichkeit zurückgezogen haben. Die Freiheit konnte nur durch ein Nicht-Wahrnehmen der geistigen Welt errungen werden. Das ist das Nichts, das sich am Ende des Mittelalters – zunächst noch im tröstlichen Schoß der Mystik – zuerst geltend machte. Die geistige Welt zog sich zurück, wie das Wasser am Strand nach einem Erdbeben. Der Mensch verlor den Geist, der ihn weckt. Damit ist deutlich, dass der Nihilismus nicht unversehens in die Welt kam. Die Leere ist gewollt. Erst in der Emanzipation von ihren Göttern konnte die Menschheit zu sich selbst kommen. Und da ist es nicht der Mensch, sondern stattdessen die Gottheit, die diese Emanzipation initiierte! Der griechische Kosmos ist geordnet und harmonisch, da die Götter noch in ihm erlebt wurden. Genau das Gleiche gilt für das mittelalterliche Gemüt mit seinen Engeln. Zu Beginn der Moderne verschwinden Götter und Engel aus der Sicht – und zwar aus der Initiative der Götter selbst. Es ist nun die Sache des Menschen, am Steuer der Wirklichkeit zu sitzen. Der leere Raum, der damit entsteht, ist schauerlich, aber gleichzeitig der Vorbote von etwas Neuem. Denn aufgrund der Initiative der Gottheit, sich zurückzuziehen, entsteht der Raum für die Initiative des Menschen. Initiation und Initiative sind nicht zufällig miteinander verwandt. Die wahrhaft freie Tat, das wahrhaftige Initiieren, ist eine »creatio ex nihilo«, eine Schöpfung aus dem Nichts.[159] Eine freie Tat ist eine Tat ohne Ursache: eine Tat,

---

159 Rudolf Steiner: *Geisteswissenschaftliche Menschenkunde*, GA 107, 19. Vortrag.

die sich durch nichts erklären lässt, was ihr vorausging. Die freie Tat ist keine Folge, sondern eine Ursache – eine Frage an den Kosmos, die auf Antwort wartet. Da muss sich der Mensch in Geduld üben. Ohne Stille der Götter keine Freiheit. Das ist das geheime Credo des Nihilismus. Die geistige Welt steuert uns in das Nichts, sodass wir am anderen Ende des Nichts uns selbst finden, frei und selbstbewusst, als Bausteine für eine nachfolgende Welt. Angst ist hierbei eine notwendige Nebenerscheinung. Angst ist ein Katalysator der Freiheit. Noch einmal Heidegger: »Die Angst offenbart im Dasein das *Sein zum* eigensten Seinkönnen, das heißt das *Freisein für* die Freiheit (...).«[160] Damit ist gezeigt, dass die Angst unser Leben nicht unmöglich machen muss, aber im Gegenteil gerade die Möglichkeit bietet, unsere ureigenste Aufgabe zu ergreifen: frei zu sein in der Apokalypse und schöpfend aus dem Nichts uns selbst und die Welt tätig zu vereinen.

160 Martin Heidegger: *Sein und Zeit*, Absatz 40.

17 Kindliche Entdeckungen der Tiefe

Ein Witz, den ich sehr mag, lautet so: Zwei junge Fische plaudern und haben Spaß miteinander. Da kommt ein alter Fisch herangeschwommen und sagt mit getragener Stimme: »Morgen, Jungs! Wie ist das Wasser heute?« Die beiden Fischlein wissen nicht, was sie sagen sollen. Sie sind verlegen, weil sie die Antwort schuldig bleiben, und schwimmen stumm weiter. Nach einiger Zeit bricht der eine Fisch das Schweigen und fragt den anderen: »Wasser, was ist das?«[161]

Ich denke, der Witz gefällt mir, weil er etwas häufig Verkanntes mit lakonischer Direktheit artikuliert: die durchaus unerleuchtete Beziehung zum eigenen Umfeld. Wenn es darum geht, für dasjenige aufzuwachen, in dem wir tatsächlich sind – die Räume, die wir bewohnen, die sichtbaren und zugleich die unsichtbaren –, dann kommen auch wir leicht in Verlegenheit. Wissen wir denn wirklich, worin wir uns bewegen? Ist die eigene Welt uns je wirklich klar vor Augen getreten? In der Regel ist unsere Beziehung zur eigenen Umgebung durchzogen von dunklen Flecken des Unbewussten – manchmal großen, manchmal kleinen –, die in ihrer unbemerkten Anwesenheit aber umso wirksamer sind. Die Sehnsucht, erleuchtet zu werden, ist die Sehnsucht, einem alten Fisch zu begegnen, der uns das Selbstverständliche zu Bewusstsein bringt: dass wir uns nur bewegen, indem wir vom eigenen Element getragen werden.

---

161 David Foster Wallace, *This Is Water: Some Thoughts, Delivered on a Significant Occasion, about Living a Compassionate Life*, Brown & Company, 2009.

Zu dieser Selbstverständlichkeit werden die beiden jungen Fische mit einem Ruck gebracht, und ich lache dabei nicht nur über ihre Ignoranz, sondern auch über meine. Denn der Witz erinnert mich an ein wunderbares Erlebnis, das ich als Kind im Schwimmbecken hatte, das erste Mal staunend, mit großen Augen, mit schneller klopfendem Herzen, danach aber mit einer großen Freude, die ich immer wieder aufgesucht habe. Ich muss damals neun oder zehn Jahre alt gewesen sein. Zum Geburtstag hatte ich eine Taucherbrille geschenkt bekommen, die ich mir sehr gewünscht hatte: ein großartiges Ding, mit echtem Glas, das meine Nase mit Kautschuk umschloss. Das Wasser war bis dahin immer undurchsichtig gewesen. Auf einmal aber sah ich den Boden des Beckens, und der war tief! Ich konnte drei Meter unter mich schauen und ich fiel nicht! Es kam mir so vor, dass ich über diese Tiefe fliegen konnte. Ich flog aber nicht, ich schwamm – was ich schon seit Jahren getan hatte, ohne je geahnt zu haben, welche Vielfalt sich da die ganze Zeit unter mir verborgen hatte.

Theorie wird nicht aus Abstraktionen geboren, wie es scheinen könnte, sondern aus Leidenschaft; und eine Liebe zur Erkenntnistheorie kann gerade in solchen Erfahrungen ihre Wurzeln haben. Es war auch eine erkenntnistheoretische Wahrheit erster Ordnung, die sich da auftat und die erst zehn Jahre später eine formulierbare Einsicht werden konnte: Die Art, wie die Welt mir erscheint, wird bestimmt durch die Art, wie mein Erkenntnisorgan ausgestattet ist. Unsere Welt ist eine Projektion unseres Erkennens. Wasser ist undurchsichtig, wenn die Augen nicht frei sind. Ein junger Fisch sieht das Wasser nicht, weil er nicht erwacht ist.

Diese Wahrheit ist offensichtlich dermaßen wichtig, dass sie auch im Evangelium zu finden ist. Da hört sie sich so an: »Die Leuchte des Leibes ist das Auge. Wenn nun dein Auge klar ist, wird dein ganzer Leib hell sein; wenn aber dein Auge trüb ist, wird dein ganzer Leib finster sein. Wenn nun dein inneres Licht Finsternis ist, wie schlimm ist dann die Finsternis!« (Mt 6,22-23) – Diese Worte, die wir in ihrer Knappheit mehrmals hören müssen, damit sie verständlich werden, sind wörtlich zu nehmen: Das Auge, mit dem wir geistig wahrnehmen – das Auge also, das nicht dunkel sondern hell sieht –, ist die Leuchte unseres Leibes. Der Leib ist ein Wahrnehmungsorgan, und dieses Organ wird in dem Maße besser oder schlechter wahrnehmen, wie es sich einer Erleuchtung unterzieht oder nicht unterzieht. Dieser Sachverhalt ist eindeutig in seiner Unmissverständlichkeit. Ein leuchtender, erleuchteter Leib wird anders und geistiger wahrnehmen als ein verdunkelter, ungeläuterter Leib. Wie soll es denn anders sein? Nur ein befreites Auge sieht die Welt gut. Eine schmutzige Linse sieht eine schmutzige Welt. Eine verbogene und manipulierte Wahrnehmung wird auch die Phänomene verbiegen und manipulieren.

Damit ist zu gleicher Zeit vieles und weniges gesagt, denn solche Tatsachen sind leicht zu erfassen, aber schwer zu überwinden. Für uns Menschen ist es wahrlich nicht einfach, auf diesem Gebiet ins Reine gebracht zu werden. Denn wer ist schon befreit, erleuchtet, geläutert? Der Mensch ist ein Wesen, das zugleich am Licht und an der Finsternis Anteil hat. Wir sind Zwischenwesen. Es gehört zu unserer Konstitution, sowohl in der Wahrheit als auch in der Unwahrheit zu leben. Dafür können wir nichts. Der Boden des Schwimmbeckens entzieht sich unserem Blick. Befangenheit ist eine Grundlage unseres Menschseins.

Diese Befangenheit unseres Erkenntnisapparats, das ständige Belogen-werden-Wollen, das sich in unserer Organisation eingenistet hat, wird in der Menschenweihehandlung unsere Sündenkrankheit genannt. Diese Krankheit ist ein Kleid, das uns umgelegt worden ist. Sie ist eine Art des Wahrnehmens, mit der wir behaftet sind und die wir nicht ohne Weiteres ablegen können. Seit dem Buch »Genesis« wird diese Krankheit unser Adamskleid genannt. Wer dieses Kleid trägt, steht nackt da in der Welt. Diese Nacktheit will bedeckt werden. Ein verfinsterter Leib braucht Kleider, um mit seiner Nacktheit zurechtzukommen. Darauf deutet auch das Evangelium zart hin: Es kann in der Kompositionsweisheit dieses Buches gewiss kein Zufall sein, dass gerade an der Stelle, wo von der Leuchte des Leibes die Rede ist, auch die Rede ist von der Bekleidung der Blumen und von der Kleidung, die wir Menschen anziehen. »Warum macht ihr euch Sorgen um die Kleidung? Beobachtet die Lilien des Feldes, wie sie wachsen! Sie mühen sich nicht und spinnen auch nicht. Ich sage euch aber: Selbst Salomo in all seiner Pracht war nicht gekleidet wie eine von diesen« (Mt 6,28-29).

Mit dem Sündenfall, dieser großen Infektion des Leibes, die uns allen zuteilgeworden ist, verschwand für uns die Möglichkeit, klar in die Welt zu schauen. Ruhelos wurde unsere Brust, scharf und kalt unsere Intelligenz. Unsere Augen wurden in das Sinnbild des Todes schlechthin hineinversetzt: in einen Schädel. Aus dieser Todesperspektive heraus schauen wir uns seitdem die Welt an. Wir versteinerten, und indem wir versteinerten, wurde die Welt für uns zum Stein; wir starben, und mit uns erstarb die Welt. Damit ist auch gleich angedeutet, wie die Welt aus dieser Todesverzauberung auferstehen kann. Wir werden die Welt nur dann als lebendig erleben, wenn wir zuerst die Todeslinse unseres Gehirndenkens ersetzen. Wo Intellekt war, soll Spiritualität werden.[162] Wir sollen unser Erkennen verlebendigen, damit die Welt uns als lebendig erscheint; wir sollen uns also ein anderes

162 Rudolf Steiner: *Lebendiges Naturerkennen: Intellektueller Sündenfall und spirituelle Sündenerhebung*, GA 220, 9. Vortrag.

Erkenntniskleid anziehen. Dieses Kleid des Lebendigen, das die Blumen nie verloren haben, hat nicht einmal Salomo in all seiner Weisheit behalten können. Auch er verfiel seinen Trieben, seinen Sehnsüchten; auch seine Linse war verfinstert. In dem Sinne ist er kein Vorbild. Auch die Kleider des großen Königs waren Wahn.

Die Leuchte des Leibes will langsam erworben, errungen, angezogen werden. Sie ist keine Taucherbrille, die mit einem Schlag alles ins Klare rückt. Sie setzt voraus, dass wir uns umwandeln und das Adamskleid allmählich ablegen. Das aber setzt voraus, dass der erste Adam, der gefallene Mensch, nicht der letzte Adam sein soll. Gerade dies ist ein Kernstück der paulinischen Theologie. In seinem Römerbrief stellt Paulus dar, wie der Mensch die Welt in seinem Sturz mitgerissen hat.[163] Im 1. Korintherbrief deutet er an, wie der Mensch die Welt daher auch erlösen kann, indem er ein neues Kleid anzieht, das Kleid der Auferstehung, das durch Christus auf Golgatha dem Tode entrungen worden ist.[164] Wer sich mit den Christuskräften verbindet, putzt die Fenster seines Leibes. Er eignet sich eine neue Leiblichkeit an, die vergeistigte Sinne mit sich bringt und so eine geistige Welt wahrnehmbar macht und mitgestaltet. Dieser Prozess ist die Heilung, nach der sich alle Kreatur sehnt. Eine geheilte Menschenorganisation wird auch die wahrgenommene Welt heilen.

Eine wunderbare Parallelität tut sich da auf. Sündenkrank wurde die Menschheit, indem sie ihre leibliche Substanz anders ergriff, als es von den göttlich-geistigen Mächten vorgesehen war. In der Bildersprache des Alten Testaments nennen wir dies: den Biss in den Apfel. Geheilt wird unsere Leiblichkeit, indem sie

163 Röm 8,19-23.

164 1 Kor 15,50-58. Siehe auch: Rudolf Steiner: *Von Jesus zu Christus*, GA 131, 6. Vortrag.

diesmal nicht eine verbotene, immerhin aber eine andere Frucht ergreift: die Frucht des Lebens, die sich am Ostersonntag in Palästina aus dem Grab erhob. Ein Ergreifen hat uns krank gemacht. Ein Ergreifen wird uns auch wieder heilen. Genau das ist es, was Paulus meint, wenn er sagt, dass wir die Auferstehung anziehen sollen. Ein und dieselbe Geste hat Krankheit gebracht und wird Heilung bringen.

Diese Wahrheit ist dem Menschen in der Moderne endgültig aufgegangen. Bei Hegel lautet sie: »Das Erkennen schlägt die Wunde – und heilt sie.«[165] Bei Richard Wagner, in seinem Libretto des *Parsifal*, lautet sie: »Nur eine Waffe taugt: die Wunde schließt der Speer nur, der sie schlug.«[166] Damit sind dem Menschen neue Wege im Weltenall eröffnet. Wer die heilende Leiblichkeit anzieht, wer die Auferstehungsdynamik ergreift, wird überall, wo er guckt und schaut, nicht mehr nur Steine sehen, sondern lebendig wallende Wesen, die ihn umgeben wie Luft und Wasser. Das ureigene Element wird ihm offenbar. Die tragende Substanz wird ihm durchsichtig. Die Welt wird tief. So gehen wir neu geschaffen durch die Straßen und Parks, durch die Räume, die wir bewohnen, sowohl die sichtbaren als auch die unsichtbaren, und wir fragen, erwacht und reif geworden: Wie ist das Wasser heute?

---

165 Günther Delbrügger: *Das Erkennen schlägt die Wunde, und heilt sie*, Stuttgart 2000.

166 Michael Debus: *Parsifal: Mythos des modernen Menschen*, Dornach 2014, S. 55.

18 *This dark highway:* Bruce Springsteen und die Präzision des Gefühls

In den Vereinigten Staaten gibt es keine Autobahnen. Es gibt dort Highways. Ein Highway ist kein Weg wie ein anderer. Vor allem ist er lang. Er scheint nie aufzuhören. Wer sich mal darauf eingelassen hat, dieses Land mit dem Auto zu durchqueren, von North Carolina nach Ohio, von Ohio über Indiana, Illinois und Iowa nach Nebraska, durch die wüsten Höhen Colorados nach Utah und Nevada, weiter durch California, um dann die ganze Ost-West-Strecke wieder zurückzufahren durch die endlosen Dürren Arizonas und New Mexicos nach Texas, Oklahoma, Arkansas und Tennessee, der weiß, was es heißt, Land vor sich und Land hinter sich zu haben. Der Highway ist eine Wirklichkeit. Aber mehr noch ist er ein Traum. Er ist die Hoffnung auf ein neues Leben, einen neuen Anfang. Der Highway wird seinem Namen gerecht. Wörtlich bedeutet er »hoher Weg«. Er verspricht und gibt. Aber er nimmt und enttäuscht auch, so wie es mit Träumen geht, wenn sie dunkel werden und fast unbemerkt umschlagen und zum Albtraum werden. *Is a dream a lie, when it don't come true, or is it something worse?* »Ist ein Traum eine Lüge, wenn er nicht in Erfüllung geht, oder etwas Schlimmeres noch?« Diese Worte werden von Bruce Springsteen gesungen in seinem Lied *The River*, das die außergewöhnliche Kraft dieses Künstlers zeigt, mit der er Wehmut und Vitalität zusammenbringt. Der Song öffnet Welten der Sehnsucht. Das Wegfahren-Wollen und nicht Wegfahren-Können: Es ist der Highway, der Hoffnungen weckt, die zugleich nie zu erfüllen sind. Als eine Klage aus der Tiefe erklingt das Gefühl der Aussichtslosigkeit, das nur einen Amerikaner treffen kann, wenn ihm in dem Land des Geldes das Geld ausgeht und der Raum dieses nicht enden wollenden Landes auf einmal viel zu groß ist. Erinnerungen an bessere Zeiten spenden dann keinen Trost mehr. Im Gegenteil: *Those memories come back to haunt me, they haunt me like a curse.*[167] »Nun kommen diese Erinnerungen zurück, und sie verfolgen mich, jagen mich wie ein Fluch.« Dass *the American dream* nicht nur eine Lüge, sondern noch etwas Schlimmeres ist, ein Albtraum, das weiß Bruce Springsteen, und zu diesem Thema kehrt er in seiner Musik immer wieder zurück. Er kennt die Vereinigten Staaten, und dieses Land kennt ihn.

Es war ein Durchbruch in das kreative Potential dieses Sängers, als ihm deutlich wurde, dass seine Lieder nur dann die Wirklichkeiten seines Landes zeigen würden, wenn sie Geschichten erzählen könnten. Seit ihm dies klar wurde, ist Bruce Springsteen das Sprachrohr einer Nation, denn seitdem erzählt er mit ergreifender Dramatik und mit einem seltenen Einfühlungsvermögen von amerikanischen Männern und Frauen, die in aller Stille um Würde ringen. Er lebt sich tief in das Schicksal seiner Landsleute ein, hört ihr Leiden und ihren Kummer, besingt sie und bringt damit die Vereinigten Staaten, dieses unermesslich weite Land mit seinen so weitreichenden Einflüssen, in einen Zustand der hörbaren Wahrhaftigkeit. Die Lüge wird entlarvt. Er singt leise und warm: *Hot soup on a campfire under the bridge, shelter line stretchin' round the corner. Welcome to the new world order. Families sleepin' in their cars in the Southwest, no home no job no peace no rest. The highway is alive tonight, but nobody's kiddin' nobody about where it goes.*[168] »Heiße

167 Bruce Springsteen: *The River*, The River, 1980.
168 Bruce Springsteen: *The Ghost of Tom Joad*, The Ghost of Tom Joad, 1995.

Suppe am Lagerfeuer unter der Brücke, für eine Unterkunft steht man Schlange bis um die Ecke. Wilkommen in der neuen Weltordnung. Im Südwesten schlafen Familien in ihren Autos, kein Zuhause, keine Arbeit, keinen Frieden, keine Ruh. Der Highway ist heut' Nacht lebendig, aber niemand scherzt darüber, wohin er führt.« Ohne Geld führt der Highway nur in die nächste Sackgasse. Betrübnis weht um die Häupter der Ausgestoßenen, die *outcasts* und *misfits*, die Verworfenen und Sonderlinge, die Opfer eines rücksichtslosen Systems sind, das die Unglücklichen als *losers* abtut, als Versager, die selbst schuld an ihrer Lage sind. Ob dies stimmt, sei dahingestellt. Sicher ist, dass die Wege dieses Landes in die eigene Bestimmung führen.

Der Highway, weit und verschlossen, in seiner Rohheit und seiner Sanftmut, ist so ein Ort der Selbstbegegnung. Arm oder reich, selig oder verdammt, das Schicksal wird sich am Standstreifen dieses Weges unerbittlich erweisen. Man fährt und fährt, Stunde um Stunde am Lenkrad (*I've got three more hours but I'm covering ground*[169] – »Noch drei Stunden, aber ich komme voran«), um am Ende genau die gleichen Imbisse, genau die gleichen Hamburgerrestaurants anzutreffen. Inzwischen aber ist etwas passiert. Vielleicht fährt jemand in der Nacht herum, nur um sich zu beruhigen (*At night I wake up with my sheets soaking wet, and a freight train running through the middle of my head*[170] – »Nachts wache ich auf in triefnassen Laken, und ein Güterzug rast mitten durch meinen Kopf«). Vielleicht fährt ein Mann schweigend herum, an andere Wege denkend, andere Straßen, weit entfernt, wo er einst am Rande stand, jung und unerfahren; unerwartet eingeweiht in die Mysterien des Todes (*On the road to Basra stood young Lieutenant*

169 Bruce Springsteen: *Open all Night*, Nebraska, 1982.
170 Bruce Springsteen: *I'm On Fire*, Born in the USA, 1982.

Jimmy Bly, detailed to go through the clothes of the soldiers that died. At night in dreams he sees their souls rise, like dark geese into the Oklahoma skies[171] – »Auf dem Weg nach Basra stand der junge Leutnant Jimmy Bly, mit dem Auftrag, die Kleider der verstorbenen Soldaten zu inspizieren. In der Nacht sieht er in seinen Träumen ihre Seelen hochsteigen wie dunkle Gänse in die Lüfte Oklahomas«). Oder vielleicht nimmt ein *cop*, ein Bulle, die Verfolgung eines Verbrechers auf, schafft es aber nicht, ihn auch festzunehmen, weil er weiß, dass es sich um seinen Bruder handelt (*I pulled over to the side of the highway and watched his taillights disappear*[172] – »Ich hielt am Rand des Highways und schaute zu, wie seine Rücklichter verschwanden«). Vielleicht fährt jemand ein gestohlenes Auto mit bangem Herzen in die Finsternisse hinein, die sich zu einer Tiefe auswachsen, der nicht entkommen werden kann (*I ride by night and I travel in fear, that in this darkness I will disappear*[173] – »Ich fahre bei Nacht und ich reise in der Angst, dass ich in dieser Dunkelheit verschwinden könnte«). Oder vielleicht hat jemand gerade bei einem heftigen Zusammenstoß den Tod gefunden, und ein anderer war Zeuge davon (*An ambulance came and took him to Riverside, I watched as they drove him away. And I thought of a girlfriend or a young wife, and a state trooper knocking in the middle of the night, to say your baby died in a wreck on the highway*[174] – »Schließlich kam ein Krankenwagen und brachte ihn nach Riverside. Ich schaute zu, als sie ihn wegfuhren, und ich dachte an eine Freundin oder eine junge Frau, und einen Polizisten mitten in der Nacht, der anklopft und sagt, Dein Schatz

171 Bruce Springsteen: *Souls of the Departed*, Lucky Town, 1992.
172 Bruce Springsteen: *Highway Patrolman*, Nebraska, 1982.
173 Bruce Springsteen: *Stolen car*, The River, 1980.
174 Bruce Springsteen: *Wreck on the Highway*, The River, 1980.

starb in einem Wrack auf dem Highway«). Vielleicht entflieht eine junge Frau einer Beziehung; vielleicht fahren Eltern zu ihrem kranken Sohn; vielleicht ist eine andere junge Frau auf der langen Fahrt schwanger geworden, und vielleicht weiß sie jetzt schon, dass sie einen Sohn haben wird und dass er Jacob heißen wird. Wie die Sachen sich auch ergeben, hell oder dunkel, und welche Umstände auch eintreten, heiter oder schwermütig, der Highway spricht sein Wort, das sich aus den Weiten des Raumes ankündigt und vernehmbar macht, was verschwiegen immer schon da war.

Dieser Verschwiegenheit des Bevorstehenden ist Bruce Springsteen ständig auf die Spur. Seine Empathie lässt sie musikalisch erklingen. Seine Kraft ist dabei unzweideutig, sie braucht keine Erklärungen und Übertragungen. Diese Direktheit, die konstitutiv ist für die amerikanische Seele, braucht einen vorsichtigen Umgang mit Metaphern. Lieber die Sachen unmittelbar schildern, statt billige Bilder zu verwenden. Es spricht darum für die künstlerische Präzision Springsteens, dass er den Highway nur einmal als Metapher verwendet, und dann mit Takt und Tiefe. Er steht in seinem 33. Lebensjahr, als er das Lied *My Father's House* schreibt, »Das Haus meines Vaters«. Nicht nur sein Alter und der Titel des Songs lassen eine religiöse Inspiration vermuten. Das Lied versteckt seine spirituelle Dimension nicht. Der Protagonist der Geschichte ist ein Mann, der träumt, dass er Kind ist. Er versucht durch den Wald nach Hause zu kommen, bevor es dunkel wird. Der Wind raschelt durch die Bäume, Geisterstimmen raunen in den Feldern. Das Herz des Kindes pocht. Der Teufel schnappt nach seinen Fersen. Äste und Dornenbüsche zerreißen seine Kleider und zerkratzen seine Arme. Er bricht durch die Bäume und sieht das Haus seines Vaters. Zitternd fällt er in seine Arme. Dann erwacht der Mann.

Er denkt an seinen Vater und an »die schweren Sachen, die uns trennten«, *the hard things that pulled us apart*. Er möchte sich mit ihm versöhnen. Er zieht sich an und fährt zu ihm. Als er ankommt, sieht er aus dem Fenster Licht scheinen. Er nähert sich dem Haus. Eine Frau, die er nicht kennt, spricht ihn durch die kettenverriegelte Tür an. Er erzählt ihr seine Geschichte und wen er sucht. Die Frau aber sagt, dass hier keiner mehr wohnt, der so heißt. Das Lied, das von Anfang bis Ende in der ersten Person Singular gesungen ist, erreicht hier seinen imaginativen Höhepunkt. Der Highway wird in der letzten Strophe Bild für die eine Strecke, die nicht ohne Weiteres zurückzulegen ist: die Strecke des Schicksals, wo die Sünden ungesühnt bleiben. *My father's house shines hard and bright, it stands like a beacon, calling me in the night. Calling and calling, so cold and alone, shining cross this dark highway, where our sins lie unatoned*[175] – »Das Haus meines Vaters strahlt hart und hell wie ein Leuchtturm, es ruft mich in der Nacht. Rufend und rufend, so kalt und einsam, scheint es über diesen dunklen Highway, wo unsere Sünden ungesühnt ruhen.«

Welches Fernweh war es, das einen jungen Europäer dazu brachte, einen Ozean zu überfliegen, nur um zu fahren und weiter zu fahren, durch achtzehn Staaten hindurch? Sicherlich wollte er erleben und erfahren, was er in Filmen gesehen und in Musik gehört hatte. Er wollte herausfinden, ob sein Highway dunkel ist oder hell. Der Westen rief, laut und deutlich. Aber welchem Schicksal suchte er zu begegnen? Suchte er sich selbst? Suchte er das Mädchen aus Ohio, das seine Frau werden sollte? Seinen ungeborenen Sohn? – Es mag von jedem etwas gewesen sein. Wahrscheinlich aber suchte er vor allem ein tieferes Zuhause, das Haus seines Vaters, das verspricht und gibt, wie der endlose

175 Bruce Springsteen: *My Father's House*, Nebraska, 1982.

Highway, auf dem ich ihn fahren sehe und der ihm ein Gebet abzuverlangen schien, das einfachste Gebet, das dieses Land kennt und das es immer wieder hören will, immer wieder braucht, wie ein Sänger seine Stimme: *God bless America.*

IV Ägyptische und griechische Reminiszenzen

19 Isis und die goldene Krone

Der Mensch hat Erinnerungen. Hätte er sie nicht, er wäre verloren. Unsere Identität und Handlungsfähigkeit beruhen darauf, dass wir nicht vergessen, wer wir gestern waren. Ein Mensch, der keine Erinnerungen hat, würde nicht verstehen, was er wahrnimmt: Die Welt wäre ständig eine neue Impression, ohne Kontinuität, ohne Realität sogar, denn Realität ist die ständige sinngemäße Verbindung von Momenten und Zuständen.[176] Dass wir Erinnerungen haben und nicht vergessen, was gerade war, drängt aber merkwürdigerweise etwas anderes in unserem Bewusstsein zurück: die Tatsache, dass wir nicht nur Erinnerungen haben, sondern auch eine Erinnerung sind. Mein Körper und Schicksal sind Erinnerungen an frühere Zustände; in der Regel aber merken wir das gar nicht, weil wir diese Erinnerung erst einmal vergessen müssen, um sie überhaupt leben zu können. Wir leben die Erinnerung, die wir sind – und vergessen sie.

Es gibt aber Tiefen, die langsamer sind als wir und weniger vergesslich: Sie bleiben wach und warten darauf, von uns entdeckt zu werden. Als ich als Philosophiestudent, gerade etwas mehr als zwanzig Jahre alt, in einer Ecke von Antwerpen, wo niemand spazieren geht, die dreihundertfünfzig Bände von Rudolf Steiners Gesamtausgabe fand, konnte ich nur staunen. Wieso

176 In dem Film *Being There* hat Peter Sellers dargestellt, wie ein völlig naiver Mensch sich auf der Straße bewegen würde: Hier wird gezeigt, wie eine begriffslos erlebte Welt nur zum Pastiche werden kann. Anders, aber nicht weniger beeindruckend, führt Scarlett Johansson in *Under the Skin* vor, was es heißt, ohne irgendwelches Vorverständnis auf Erden anzukommen. Beide Filme geben eine *masterclass* in Entfremdung, in das verbindungslose, immer Neu-Sehen der Dinge.

gibt es das, dass die wichtigsten Bücher in irgendeinem Zimmer abgelagert werden, weit weg von allem, fast unauffindbar? Ich konnte fast nicht glauben, was mir da geschah. Es schien, als ob ich der Einzige wäre, der an diesen Büchern interessiert war.

Papier aber ist geduldig und vergisst nicht. Irgendwie haben diese Bücher auf mich gewartet, mich erwartet. Willig haben sie sich entschleiern lassen, und Freude ergriff mich; ein Gefühl, das von den Büchern selbst beantwortet zu werden schien, als ob auch sie sich freuten, darüber nämlich, aus dem Bann des Nicht-gelesen-Werdens befreit zu werden. Hierin liegt die Signatur allen Anthroposophierens nach 1925: Eine Begegnung mit Rudolf Steiner ist für uns alle, wenn sie wirklich stattfindet, zuerst eine glückliche Begegnung mit Büchern. Und wie fangen sie an zu wirken, diese Bücher, wenn man sich einmal auf das Wagnis eingelassen hat, sich mit ihnen zu befassen! Es ist ein grandioses Erlebnis, wachgerüttelt zu werden in Schichten, die man vorher nicht einmal in sich vermutet hatte, und Gefühle zu entwickeln, von denen man nicht wusste, dass es sie überhaupt gab in der Welt. Wir haben nicht nur Erinnerungen, wir sind auch eine, und diese Bücher haben die wunderbare Wirkung, diese Erinnerung heraufsteigen zu lassen. Nicht, dass man auf einmal weiß, wer man denn im Mittelalter gewesen sei; das wäre ja nur eine Erinnerung mehr, die man dann »hätte«. Nein, um eine Schicht tiefer noch berühren uns diese Bücher: in jener Schicht, in der man lernt, dass die Wirklichkeit reich ist und unsere Identität nicht eindeutig; in der Schicht, in der man herausfindet, dass viele schweigen, damit einer sprechen kann; in der Schicht, in der klar wird, dass der Mensch ein Ort ist, an dem Geheimnisse sich sammeln, um sich besser verbergen zu können. Geheimnisvoll ist die Welt, und geheimnisvoll sind die Wege, die die Weisheit in dieser Welt geht. Einen dieser Wege geht sie seit zweieinhalbtausend Jahren, und wir nehmen diesen Weg mittlerweile als so selbstverständlich, dass wir ihn nicht einmal mehr bemerken. Es ist aber keine Beiläufigkeit, dass die Weisheit sich seit der Erfindung der Buchstaben des Papiers bedient, um sich zu vermitteln. Kann eine Einweihung einen durch Bücher schicken, so wie man früher über hohe Berge und durch Gewässer mit Krokodilen geschickt wurde? Es scheint so zu sein. Steiner hat uns dafür sogar eine Imagination gegeben. Imaginationen haben die Tendenz, sich ins Verborgene zurückzuziehen, denn unsere durch kalte Intellektualität geprägte Zeit mag sie nicht, und sie geben sich selbst nicht gern der Verspottung preis. Auch diese Imagination versteckt sich daher, und sie tut es sogar sehr gut, denn sie verbirgt sich gleich auf mehrere Arten: erstens in Zimmern, in die einen nur das Schicksal führen kann – man nennt diese Zimmer: Anthroposophische Bibliothek –, und zweitens in der Gesamtausgabe selbst, denn vielbeachtet ist sie nicht. Diese Imagination lässt sich finden in dem Vortrag »Wie kommt Osiris wieder zu neuem Leben?«[177] Wir lesen da, tatsächlich auf Papier, wie die alte Göttin der Weisheit, die Weltenmutter, die Weltenseele Isis, verwandelt in der Neuzeit ankam und irgendwie, irgendwann einschlief. In diesem Schlaf geschah etwas mit ihr, das sie nicht ganz durchschauen konnte: Typhon, der alte Göttergegner, besuchte sie in ihrem Schlaf, und beide gaben sich der Illusion hin, zusammen einen Spross zu gebären. Die Illusion war nicht, dass es keinen Spross gab, denn den gab es tatsächlich; die Illusion war, dass Typhon dessen Vater wäre. Typhon war in der Lage, sich dieses Sprosses zu bemächtigen, in der Hoffnung, so die Weltenweisheit in seine Gewalt bringen zu können. Als Isis, durch Geister der Natur wachgerufen, durchschaute, was

177 Rudolf Steiner: *Mysterienwahrheiten und Weihnachtsimpulse: Alte Mythen und ihre Bedeutung*, GA 180, 10. Vortrag.

mit ihrem Spross passiert war, ging ihr ein merkwürdiges hellseherisches Gesicht auf: Obwohl sie sich selbst als Wesen schon längst verwandelt hatte, sah sie, dass sie immer noch die Kuhhörner aus dem alten Ägypten trug, ihre uralte Krone also. Diese Entdeckung, die eine Erinnerung war, ein Wachwerden dafür, wer sie einst gewesen war, zwang den alten Typhon dazu, ihr eine neue Krone aufs Haupt zu drücken, eine Krone aus Papier. Auf diesem Papier standen Buchstaben, viele Buchstaben, schwarz und grau, millionenfach vervielfältigt, Buchstaben, in denen die Weisheit der Welt erstarrt dargestellt war.

Isis, die einst so verehrte Göttin der Weisheit, trägt seitdem eine Krone aus eitlem Papier. Ihre edle Stirn ist bedruckt mit bedeutungsvollen, aber toten Zeichen. Die Weltenweisheit ist Gesamtausgabe geworden – das wäre wohl eine mögliche Schlussfolgerung. Man könnte da traurig werden, und ganz sicher bin ich das auch gewesen, staunend in der Nachtegaalstraat in Antwerpen, wo mir diese Krone so ungeheuer stark entgegentrat. Aber damit ist die Geschichte nicht zu Ende, denn die Imagination wird noch um eine Stufe weitergetrieben: Die papierne Krone der Isis kann zu einer goldenen Krone werden, und das soll sie auch. Man kann sich, wenn man sich so lesend beschäftigt, hier des Eindrucks nicht erwehren, dass man an dieser Stelle persönlich angesprochen, ja sogar herausgefordert wird. Denn zu Gold wird diese Krone gewiss nicht werden, indem man nur weiterliest, aber sonst nichts tut. In der Begegnung mit Steiner wird Lesen bald zur Notwendigkeit, tätig zu werden. An der Universität bleiben und Professor werden, das war für mich ziemlich schnell keine Option mehr.

Wir leben eine Erinnerung, die wir vergessen. Wir wissen, wer wir gestern waren, aber die Erinnerung, die wir selbst sind, verschlafen wir. In uns schläft eine Weisheit, die wach werden will. Vielleicht hat Isis auch in mir geschlafen? Buchstaben haben ihr aber die Augen geöffnet, und ein neuer Weg ist freigelegt worden, ein Weg, der auch Begegnungen nicht schriftlicher Art möglich machte, weisheitsvoll auf seine ganz besondere Art. Aber vielleicht gehören diese Erlebnisse eher in den Bereich der goldenen als denjenigen der papiernen Krone. Sollten sie deswegen auf Papier vorerst nicht ruhig verschwiegen werden?

20 Die Sonne als Auge: Osiris und das Weltendrama der Zerstückelung

Dass Götter sterben können, ist eine Ansicht, die Friedrich Nietzsche im 19. Jahrhundert mit aller Kraft des Denkens vertreten hat: »Gott«, so lässt er einen nahezu verrückten Menschen auf dem Marktplatz ausrufen, »ist tot!« Diese eindrucksvolle Szene, in der wohlgemerkt nicht Nietzsche selber spricht, sondern eine fiktive Gestalt, die gleichsam uns alle repräsentiert, muss darüber hinweghelfen, dass an dieser Wahrheit letztendlich etwas Unerträgliches haftet. Wem würde nicht bei dem Gedanken grauen, dass die Welt leer ist, Sinn eine Illusion und alle Bewegung ein endloses, rastloses Fallen? Der halb verrückte Mensch aber sagt: »Ich komme zu früh. Dieses schreckliche Ereignis ist noch unterwegs.«[178] Tatsächlich wird die volle Verwirklichung des Nihilismus erst in dem Jahrhundert nach Nietzsche eintreten. Was er noch indirekt dargestellt hat, wird die Geschichte des 20. Jahrhunderts überdeutlich vermitteln: Götter sterben und Menschen werden wahnsinnig. Auschwitz und Hiroshima waren die Erfüllungen einer philosophischen Prophetie. Immerhin ist das Motiv eines toten Gottes und dessen dramatische Rückwirkung auf Menschen keine Erstentdeckung Nietzsches. Plutarch berichtet in seiner Schrift »Über den Verfall der Orakel«, wie griechische Kaufleute auf einer Handelsreise nach Rom auf einmal, mitten im Meer, eine Stimme vernehmen: Sie sollen am Lande ausrufen, dass der große Pan gestorben ist. Der Gott Pan, der Gott des Weltenalls, dessen wir sprachlich im Wort Pantheismus gedenken, sei tot. Dies hat angeblich auf dem Schiff und

178 Friedrich Nietzsche: *Die fröhliche Wissenschaft*, § 125.

später auch in Rom eine Angst hervorgerufen, die seitdem *panisch* genannt wird. Panik im Anblick gewaltiger kosmischer Ereignisse ist demnach keine moderne, sondern eine antike Reaktion. Der Tumult in Rom soll geradezu so weit gegangen sein, dass der Kaiser Tiberius, laut Plutarch, »hinsichtlich des Pan eine nähere Untersuchung anstellen ließ«.[179]

Derselbe Plutarch berichtet jedoch weiter, dass Pan nicht der erste sterbende Gott in der Geschichte gewesen sei. In seiner Schrift »Über Isis und Osiris« gibt er die ägyptische Tempellegende wieder, die vom Tod und der Auferstehung des Osiris handelt. Diese Legende, die Plutarch nicht interpretiert, sondern einfach überliefert, ist durch ihn bekannt geworden und geblieben. Sie lässt sich folgendermaßen zusammenfassen:[180] In uralten Zeiten herrschte in Ägypten als König Osiris. Wegen der weisen Führung des Reichs wurde sein Bruder Typhon neidisch und beschloss, Osiris zu töten. Dazu gebrauchte er eine List. Heimlich ließ er das Maß vom Leib des Osiris nehmen, fertigte einen kostbaren Kasten an und fragte alle am Hofe, wem dieser Kasten passen könnte. Als Osiris sich in den Kasten hineinlegte, töteten Typhon und seine Verschwörer ihn und schlugen den Deckel zu. Sie ließen den Kasten ins Meer hinaustreiben. Die Legende berichtet weiter, dass Isis, trauernd über den Tod ihres Gemahls, überall in der Welt nach seinem Leichnam auf die Suche ging. Als sie ihn endlich fand und zurück nach Ägypten brachte, wurde Typhon wütend. Mit roher Gewalt zerstückelte er den Leichnam. Isis aber sammelte die Stücke und begrub sie. Dadurch wurde Osiris ein Gott der Unterwelt, ein Gott der Toten.

---

179 Zitiert bei Georg Hartmann: *Bewusstseinswege: Bilder aus der Geistesgeschichte der Menschheit in älteren Kulturen*, Dornach 1980, S. 32.

180 Vgl. Ernst Uehli: *Kultur und Kunst Ägyptens: ein Isisgeheimnis*, Dornach 1975, S. 72 f.

Aus dieser Unterwelt kehrte er in die Welt der Lebenden zurück: Er erschien seinem Sohn Horus und unterrichtete ihn über die Geheimnisse des Todes, womit er ihn zum Rächer seines Vaters machte.

Es fällt auf, dass in diesem Mythos die Panik keine Rolle spielt. Es wird gestorben, getrauert und gehandelt, aber die antiken und modernen Wahnsinnszustände bleiben aus. Dies kann damit zu tun haben, dass Osiris, im Gegensatz zu Pan oder dem Gott Nietzsches, nicht tot bleibt. Osiris überwindet den Tod. Ein bekanntes Wort Nietzsches lautet: Was mich nicht umbringt, macht mich stärker.[181] Osiris aber weiß, vermutlich als Erster, dass auch dies zutrifft: Was mich umbringt, macht mich noch stärker. Das ist ein Geheimnis der Auferstehung, das in der ägyptischen Mythologie zuerst ans Licht gebracht wird. Es kann uns daher nicht wundern, dass sich, Rudolf Steiner zufolge, hinter der Gestalt des Osiris ein vorchristliches Ahnen der Christuswesenheit verbirgt: Osiris ist der Sonnengott, der sich der Erde – der Unterwelt aus höherer Sicht – naht und sich dabei bewusst dem Tode preisgibt.[182] Damit ist die Osirislegende, die ein Ausdruck inneren Mysterienwissens gewesen ist, ein Vorspiel dessen, was sich Jahrhunderte später als Christusereignis auf Erden vollziehen sollte. Als solches darf sie auch gedeutet werden.

Was dem verrückten Menschen Nietzsches und den Schiffsleuten auf dem Mittelmeer mit einem Schrecken deutlich wird, ist, dass die übersinnliche Welt in einer grausamen Umwandlung begriffen ist: die Welt, die wir mit den Sinnen wahrnehmen, ist nicht länger von Göttern durchzogen. Dämonen treten an ihre Stelle. Die moderne Welt, die sich in der Antike anbahnt,

181 Friedrich Nietzsche: *Götzen-Dämmerung*, Sprüche und Pfeile, Nr. 8.
182 Rudolf Steiner: *Die geistigen Wesenheiten in den Himmelskörpern und Naturreichen*, GA 136, 9.Vortrag.

wird eine tote Welt sein; eine Welt, in der das Mechanische herrschen wird. Pan – das heißt *alles* – ist tot. Diese Erfahrung ist bestürzend, und sie ist seither maßgebend bis in die maschinell und industriell geprägte Kultur unserer Tage. Immer mehr und immer notwendiger wird unsere Zivilisation darum in den kollektiven Wahnsinn getrieben werden, wenn aus dem Gang der Ereignisse, der mit fataler Energie in den Tod führt, nicht auch andere, lebensspendende Kräfte geschöpft werden. Da kann der Osirismythos, wenn er neu begriffen wird, zu einem Wegweiser über die Jahrtausende hinweg werden. Denn was heißt es, dass Osiris getötet wird, und was heißt es, dass er in der Lage ist, den Tod zu überwinden? Mit dem Sterben des Osiris ist in der ägyptischen Bildersprache das Absterben einer alten Hellsichtigkeit gemeint. Die Sonnenkräfte versagen, Tod und Finsternis ziehen in den Menschen ein. Das bedeutet: Die geistige Welt durchstrahlt nicht länger als zur Intuition führendes Vermögen die menschliche Erkenntnis. Götter ziehen sich zurück, und gegnerische Kräfte, die die menschlichen Wahrnehmungsorgane verdunkeln, bekommen die Oberhand. Mit dem Tod des Osiris hat der ägyptische Eingeweihte erlebt, dass der Abstieg in die Materie für den Menschen Ernst wird. Die alten Hierophanten haben schauen können, dass die Welt in kommenden Zeiten, die in Ägypten anfangen, immer mehr als tot vorgestellt werden wird – in ihrer Sprache: dass Typhon herrschen wird – und dass sich damit die Kluft zwischen Himmel und Erde immer weiter auftun wird. Während der Mensch früher seine Vorgeburtlichkeit und Unsterblichkeit auf Erden mit sich getragen hat, indem er von seiner geistigen Heimat in feuchtem Nebel umgeben blieb, geht er jetzt einer Zeit entgegen, in der sich seine Sterblichkeit steigern wird – und damit auch das Gefühl, mit dem Tode etwas Wesentliches zu verlieren.

Tatsächlich hat sich in der griechischen Kultur, die die ägyptische abgelöst hat, eine Stimmung ausgelebt, dass mit dem Ablegen des physischen Leibes eine Art Blindheit eintreten muss: Athletik, das große Fest der materiellen Leiblichkeit, hätte es in Ägypten noch nicht geben können. Rudolf Steiner hat darauf hingewiesen, dass dieses Ereignis, nach dem der Mensch durch die sich steigernde Sterblichkeit seine himmlische Heimat langsam aber sicher verlassen hat, damit zusammenhängt, dass Osiris-Christus, der vorher ein Sonnengott war, in einer bestimmten Phase seines kosmischen Weges zu einem Mondengott geworden ist. Das hat man in den ägyptischen Tempeln erleben können. Der Mond hat kein Eigenlicht, sondern spiegelt Licht. Diese Spiegelung ist ein Todesmoment in der kosmischen Lichtverwaltung, und gerade das wird in der Osirissage ausgedrückt. Was Plutarch wegen mangelnder Erkenntnis hat unterlassen müssen, die Deutung der Legende, wird so aus neuzeitlicher Initiation wieder möglich. Mit dem Kasten, der ins Weltenmeer getrieben wird, ist, so hören wir, die Tatsache angedeutet, dass Osiris auf den Mond verbannt wurde. Die Zerstückelung seines Leichnams ergibt die vierzehn Gestalten zwischen Neumond und Vollmond, in denen das Mondenlicht auf Erden reflektiert wird.[183] Für den Menschen impliziert dies, dass seine Erkenntnis jetzt durch ein Nerven-Sinnes-System vermittelt wird. Das direkte geistige Schauen hört auf, und das menschliche Denken fällt dem Tode anheim: es wird an das Gehirn gebunden. Mit einem gestorbenen, nur noch spiegelnden Denken – einem Denken, das nicht sonnenhaft, sondern mondenhaft ist – wird der Mensch der Welt jetzt entgegentreten müssen.

Das ist ein Drama in der Weltentwicklung, aber auch eine Chance. Denn gerade in diesen Todeskräften, die sich in unseren

183 Rudolf Steiner: *Ägyptische Mythen und Mysterien*, GA 106, 6. Vortrag.

Gebeinen und unserem Schädel einen kosmischen Ankerplatz erworben haben, liegt die Möglichkeit einer weitgehenden Individualisierung des Menschen. Die Emanzipation des Menschenwesens wäre ohne den Tod nicht möglich gewesen. Die Zerstückelung des Leichnams des Osiris, die sich am Mond ablesen lässt, hat so, bis tief in die Moderne hinein, ihren Widerhall auf Erden. Denn diese Emanzipation ist ein zweischneidiges Schwert. Sie bringt die Menschen zu sich selber, aber entfremdet sie zugleich voneinander. Das soziale Gewebe wird auf seine Art zerstückelt, indem die Menschen, mit dem toten Denken als Grundlage, immer mehr ihre Privatansichten bilden und entsprechend geltend machen. Streit und Zwiespalt sind das Weltendrama der osirischen Zerstückelung: Weil die Sonnenkräfte das menschliche Denken verlassen, gleichsam im Menschen sterben, können Menschen ihre eigenen, willkürlichen Gedanken bilden. Das Tor zur menschlichen Eigensinnigkeit ist damit geöffnet.

Wenn klar geworden ist, dass mit dem Tod des Osiris die Verdunkelung der menschlichen Erkenntnis gemeint ist, ein Sterben des alten Schauens, dann ist auch deutlich, was eine Auferstehung des Osiris bedeuten könnte. Der Mythos wirkt aus uralten Zeiten mit einem leuchtenden Glanz bis in unsere Zeit. Er hat nichts an Kraft eingebüßt. Denn wir hören, dass Isis, die göttliche Weisheit, die himmlische Sophia, sich um den Leichnam des Osiris kümmert. Sie bestattet ihn. Bestatten aber heißt aus spiritueller Sicht: freigeben für die geistige Welt. Was sich Isis damit vornimmt, kann sich deswegen, wenn wir diese Bildersprache ernst nehmen, auch heute noch durchsetzen. Sie begräbt Osiris und schafft damit die Bedingungen für seine Auferstehung. Unser Denken, begraben in der Tätigkeit des Nerven-Sinnes-Systems, kann frei werden für die geistige Welt – in dem Maße, wie es sich mit Hilfe der Isis, der Sophia, die inzwischen eine Anthropos-Sophia geworden ist, aus seiner materiellen Grundlage befreien kann. Dann erwacht Osiris in uns aus seinem Todesschlaf und wir können die Welt mit neu errungener, lebendiger Sonnenkraft durchdringen: Die Sonne des lebendigen Denkens wird zu einem schauenden Auge, Dämonen werden besiegt und Götter können aus der Asche der neuzeitlichen Geschichte auferstehen.

Die Kirchenväter, allen voran Eusebius von Caesarea, waren der Überzeugung, dass das griechische Handelsschiff, über das Plutarch berichtet, gerade am Abend des Tages auf dem Mittelmeer war, als auf Golgatha die Todesstunde schlug. Das war auch die schaurige Stunde, in der man mit Recht halb verrückt auf den Marktplatz hätte laufen dürfen, um den Tod Gottes zu proklamieren. Diese Stunde ist aber vorübergegangen. Nietzsche lässt seinen wahnsinnigen Menschen sagen: »Gott ist tot, Gott bleibt tot!« Aus Sicht der Isis- und Osirisgeheimnisse, die zugleich tiefste Christusgeheimnisse sind, hat nur der erste Teil dieses Ausrufs seine kosmische Berechtigung. Denn der Tod Gottes war nicht das letzte Ereignis des Lebendigen – er war Anfang einer neuen Geschichte; eine Wende, kein Ende.

21 Horus und die Umwandlung unseres Wesens

Die christlichen Wahrheiten sind manchmal beunruhigend. Bei aller Neigung und Bereitschaft der Götter, dem Menschen zu vergeben, scheint eine Verfehlung offensichtlich doch unverzeihlich zu sein. Es hat etwas Besorgniserregendes, dass gerade dieses Delikt schwer zu verstehen ist. Es gibt einen Fehltritt, der fatal ist, und wir sind fast nicht in der Lage zu entziffern, was damit gemeint sein könnte: Es ist die Sünde wider den Heiligen Geist (Mt 12, 31f). Der Katholizismus hat sich große Mühe gegeben, dieses unheimliche Wort zu deuten, um damit den Gläubigen Richtung geben zu können: Er hat gesagt, dass diese Sünde so zu verstehen sei, dass damit die Verzweiflung am Heil gemeint sei, die sogenannte *desperatio*, oder auch die Zurückweisung der erkannten Wahrheit, die sogenannte *impugnatio.* Aber diesen Versuchen haftet etwas an, was mit einem wahrhaft liebenden Gott nicht zu vereinen ist: die Tatsache nämlich, dass der Mensch etwas machen könnte, was die Gottheit nicht verzeihen will. Diese Blickrichtung macht aus dem Wesen, das in der Vergebung lebt und daraus seine Wirklichkeit schöpft, Christus, ein Wesen, das auf einmal doch nicht bereit sein sollte, zu vergeben. Denn die Trinität ist dreifaltig, aber letztendlich doch eine Einheit; was der Heilige Geist nicht vergeben sollte, wird damit auch von Christus nicht vergeben. Wenn es eine Sünde gibt, die unverzeihlich ist, dann müsste es also eine solche sein, die die Gottheit – Christus, der Heilige Geist – schon vergeben möchte, aber grundsätzlich nicht vergeben *kann*, auch wenn sie wollte. Was könnte da gemeint sein? Die Theologie wird auf diese Frage keine Antwort finden können, solange sie nicht bereit ist, das Wesen des

Menschen als vielgestaltig zu denken. Denn nur in der Vielgliedrigkeit der menschlichen Natur liegt die Lösung dieses unheimlichen Rätsels.

Zuerst scheint es eine Absurdität, zu behaupten, dass der Mensch mehrere Leiber und Seelenglieder zur Verfügung hat. Die katholische Theologie hat sich vehement gegen diese Auffassung gekehrt und auf einer allgemeinen Konferenz, dem achten ökumenischen Konzil in Konstantinopel im Jahre 869, gerade dies als ketzerisch erklärt.[184] Wenn man sich aber darauf einlässt, wird es schnell plausibel, die menschliche Leiblichkeit doch so zu denken, dass sie aus physischer Substanz, Lebenssubstanz und Empfindungssubstanz besteht. Diese Empfindungsleiblichkeit teilt der Mensch mit den Tieren, und sie wird geläufig astrale Leiblichkeit genannt. Dieser Name ist nicht ohne Grund gewählt. Unsere Empfindungen sind – in dem Maße, als sie leiblich sind – tatsächlich mit der Weisheit und Weite der Sterne verbunden, nur wird dies dadurch verschleiert und verschüttet, dass diese Leiblichkeit einer Sündenkrankheit unterliegt und verdunkelt ist. Rudolf Steiner hat mehrfach dargestellt, wie aus dieser astralen Leiblichkeit eine ganz andere Qualität hervorgehen kann, wenn sie geläutert und gereinigt wird. Die höheren Teile unseres Wesens sind auf geheimnisvolle Weise verbunden mit dem, was wir in uns als niedere Anteile erleben: Die Individualität unseres geistigen Wesens, unser Geistselbst, ist sogar nichts anderes als der umgewandelte, erleuchtete, durchlichtete Astralleib.[185] Die Umformung, Umschmelzung unserer Empfindungen birgt so eine Geburt in sich: die Geburt unseres höheren Wesens, d.h.

---

184 Renate Riemeck: *Glaube, Dogma, Macht: Geschichte der Konzilien*, Stuttgart 1985, S. 98.

185 Rudolf Steiner: *Die Geheimwissenschaft im Umriss*, GA 13, Dornach 1989, S. 71.

das Hervorgehen unseres höheren Selbst aus der Substanz unseres verwandelten niederen Selbst. Diese Auffassung ist uralt und keineswegs Privileg der Esoterik im 20. Jahrhundert. Die ältesten Mythen bezeugen gerade diesen Vorgang. Die schönsten und bekanntesten sind ohne Zweifel die Mythen, die sich in Ägypten um die Gestalt des Horus gebildet haben.

Horus ist ein Gott, dessen Geburt in der Entfaltung seiner Wirksamkeit eine zentrale Rolle spielt. Er hat als Mutter und Vater das nach Jahrtausenden immer noch hervorleuchtende Götterpaar Isis und Osiris. Seine Geburt ist mysteriös, weil sie in Mythosbildern nicht nur Kosmisches enthüllt, sondern auch Grundlegendes der Priesterwerdung, das heißt: Geheimnisse der Pharaonenwerdung enthält. Der Horusname war der älteste ägyptische Königstitel. Der Pharao repräsentierte Horus auf Erden; das Wesen des Pharaos war ein irdischer Abglanz dieses Geistwesens. Horus erschien der ägyptischen Empfindungsseele in der Form eines Falken. Dieser Falke wurde Symbol der hohepriesterlichen Vollmacht des Pharaos: ihm war es gestattet, in heiligen Abbildern die leuchtende, geflügelte Gestalt des Horus als Hieroglyphe hinter seinem Haupt zu tragen. Damit ist deutlich, dass die Geburt des Horus auf ein geistiges Ereignis im Seelengefüge des werdenden Pharaos hindeutet: mit Horus ist der Teil der Menschenwesenheit gemeint, der als ein Göttliches noch in den geistigen Welten schwebt, aber geduldig darauf wartet, im Menschen geboren zu werden. Mit dem Herannahen des Horusfalken an den Pharao war imaginativ dargestellt, wie das höhere Wesen des Menschen den Eingeweihten umgab. So war der Priesterherrscher in der Lage, tiefere Erkenntnisse und Einblicke in die Welt zu vermitteln, wodurch das Land vom Throne her geführt werden konnte. Horus ist also das göttliche Geistselbst, das auf dem Wege ist, im Menschen geboren zu werden. Dass Horus ein Sohn der Isis ist, steht dazu nicht im Widerspruch. Isis war die Weltenseele Ägyptens, die göttliche Weisheit, die als solche die höchsten Repräsentanten der ägyptischen Kultur durchwehte. Die Geburt des Horus aus der Isis sollte man sich nicht erdenfern, sondern innerhalb des Menschenwesens vorstellen.

Es ist kein geschichtlicher Zufall, dass sich viele Jahrhunderte später, im Mittelalter, ein König und Kaiser geltend macht, der sich intensiv mit der Gestalt des Falken auseinandersetzt. Friedrich II. von Hohenstaufen (1194–1250) war nicht nur ein großer Politiker – der 6. Kreuzzug wurde von ihm diplomatisch und nicht kriegerisch geführt –, sondern auch einer der größten Gelehrten seiner Zeit. Er beherrschte sechs Sprachen, darunter Arabisch, Griechisch und Französisch. Seine Wissbegier soll enorm gewesen sein. Dichter, Wissenschaftler und Künstler waren an seinem Hofe Dauergäste.[186] Dieser universal gebildete Mensch nun verfasste ein Buch über die Falknerei, das bis weit in die Neuzeit das Standardwerk bleiben sollte: *De arte venandi cum avibus*, »Von der Kunst, mit Vögeln zu jagen«. Dieses Buch, das neben einer Einführung in die allgemeine Vogelkunde mehr als neunhundert wunderschön gemalte Bilder von etwa achtzig verschiedenen Vogelarten enthält, erläutert ausführlich die Aufzucht, die Dressur und die Verwendung von Jagdfalken. Das geschieht nicht von ungefähr. Unter der Maske der wissenschaftlichen Untersuchung wird hier ein Menschheitsschritt vollzogen. Denn der Falkner muss seinen Vogel bewusst begleiten: Selber ruhig im Zentrum des Geschehens stehend, lässt er ihn um sein Haupt kreisen, um ihm dann einen Landeplatz auf seinem Arm anzubieten. Damit vollzieht sich ein Wandel im Bewusstsein, der im Hinblick auf Ägypten nur als welthistorisch erscheinen kann: Der Pharao wird Falkner. Der Horusfalke ist gleichsam mit einer

186 Ernst Uehli: *Die drei großen Staufer*, Dornach 1961, S 158-214.

großen Vorwärtsbewegung durch das Bewusstsein des Eingeweihten hindurchgeflogen und bewegt sich jetzt nicht mehr hinter ihm, sondern ganz im Blickfeld des lenkenden Menschen. Das Geistselbst wird nicht länger träumerisch, halbbewusst und imaginativ erlebt, sondern rückt klar und hell ins sinnende Schauen des Königs. Der Mensch lernt, sein Ich selbst zu lenken. Nicht umsonst hat Friedrich das Maßhalten in allen Dingen des Lebens als grundlegend für das tugendhafte Leben gehalten.

Diese Geburt des höheren Selbst, die in der Falknerei des Mittelalters versinnbildlicht ist, konnte nur vollzogen werden in einer Welt, die das vertraute Bild von Isis mit ihrem Sohn auf dem Schoß in ihrer vollen Tiefe erfasste. Das war mit dem Anfang des Lukasevangeliums, der Geburtsszene in Bethlehem, möglich geworden. Schon im Urchristentum wurde die Gestalt der Maria so empfunden, dass sie, wie ihr Sohn, mehr als »bloß ein Mensch« war. In Maria wurde eine Verkörperung der göttlichen Weisheit gesehen.[187] Die Göttin Isis hatte sich in Griechenland als Sophia offenbart, und diejenigen, die sie liebten, galten als philo-sophos: Liebhaber der Weisheit. Diese Isis-Sophia umgab die Mutter Jesu wie ein frommer, erleuchtender Schleier sowohl bei der Geburt als auch unter dem Kreuz. Das schlägt sich auch darin nieder, dass der Name dieser Mutter vermutlich nicht Maria war, wie ihre Schwester geheißen hat (Joh 19,25), sondern Sophia.[188] Maria-Sophia gebiert Jesus, der Christus gebiert, und damit stellt sie allen Menschen, die sich mit ihrer Zärtlichkeit befassen wollen, eine urbildliche Aufgabe: »Ich muss Maria sein, und Gott aus mir gebären, soll er mich ewiglich der Seligkeit gewähren.«[189] Das

187 Vgl. Michael Debus: *Maria-Sophia, Das Prinzip des Weiblichen im Werden der Menschheit*, Stuttgart 2000.

188 Rudolf Steiner: *Das christliche Mysterium*, GA 97, 2.12.1906.

189 Angelus Silesius: *Cherubinischer Wandersmann*, Erstes Buch.

Hervorbringen unseres göttlichen Wesens aus unserer gefallenen Substanz wird so von Isis-Sophia in Maria vorgelebt. Wer den Astralleib durch ein tugendhaftes, auf den Geist gerichtetes Leben läutert, wer durch eine Katharsis hindurchgeht, die auch mehrere Leben andauern kann, der wird in der Lage sein, seinen Leib zu vergeistigen und so wieder Anschluss an eine geistige Welt zu finden, die die eigentliche Heimat des Menschenwesens ist. Rudolf Steiner betont, dass dies die tiefere Bedeutung der *conceptio immaculata* ist, der unbefleckten Empfängnis, die gerade darum seit Jahrhunderten mit der Mutter Jesu verbunden wird.[190] Wir werden in die geistige Welt hineingeboren, indem wir eine verlorene Jungfräulichkeit wiedergewinnen; eine merkwürdige Auffassung, der man nur gerecht werden kann, wenn man anerkennt, dass unser Leben nicht nur aus der Vergangenheit bestimmt wird, sondern auch aus einer jetzt schon wirksamen Zukunft. Jungfräulichkeit kann tatsächlich auch ein Ziel sein und nicht nur die Erinnerung an etwas Verlorenes oder das Behalten von etwas, was man nie verloren hat: Der Astralleib kann zum Geburtskanal für unser höheres geistiges Wesen werden, indem er umgewandelt wird, weshalb der gereinigte Empfindungsleib in der abendländischen Esoterik auch den Namen »Jungfrau Sophia« trägt.[191]

Die Umrisse dessen, was eine Sünde wider den Heiligen Geist sein könnte, werden so deutlicher. Der Mensch kann es versäumen, sein höheres Wesen zur Entfaltung zu bringen. Ja, er kann sogar die Vertierung seines Wesens betreiben. Die Sünde wider den Heiligen Geist ist so eher eine Fehlentwicklung als ein Fehltritt: nicht eine einmalige Tat, sondern etwas, was durch mehrere Leben, vielleicht sogar durch mehrere Zeitenkreise

---

190 Rudolf Steiner: *Das Johannes-Evangelium,* GA 103, 31.5.1908.

191 Ebenda.

hindurch in bewusster Geistabneigung betrieben wird. Wer den kreisenden Falken seines höheren Wesens nicht ins Bewusstsein hebt, wer niemals strebend sich bemüht, das Höhere in das Niedere zu integrieren, der kann nicht erlöst werden. Es gibt keinen Gott, der in heiterer Ewigkeit nicht verzeihen will, sondern nur einen der, um der menschlichen Freiheit willen, zulässt, dass Menschen ihm nicht folgen, und der in Wehmut ansieht, wie – nicht nach Jahrhunderten, sondern nach Jahrtausenden oder noch länger – Astralleiber durch den Kosmos wandern, die nicht mehr zu durchgeistigen sind. Wer ein Ideal hat, welcher Art auch immer, religiös oder nicht religiös, als Gläubiger oder als Atheist, darf sich damit beruhigen. Eine Sünde wider den Heiligen Geist wird er nicht begehen können. Denn aus unseren Idealen wird die zarte Stofflichkeit unserer kosmischen Zukunft gewoben.

22 Die Persistenz des Heiligen

Wenn Gedanken Flügel hätten, würden sie nicht fliegen wollen? Und wenn sie fliegen könnten, würden sie nicht landen wollen? Die Ansicht, dass Gedanken nicht unbedingt ihren Verfassern angehören, ist nicht neu. Im Gegenteil: neu, das heißt modern, ist die Tatsache, dass Gedanken von demjenigen hervorgebracht werden, der sie denkt beziehungsweise ausspricht und aufschreibt. Die griechischen Denker, geschweige denn ihre ägyptischen und babylonischen Vorgänger, hätten nie zu behaupten gewagt, ihre Gedanken gehörten nur ihnen selbst zu. Es wäre auch nicht richtig gewesen. Gedankensubstanz wurde wahrgenommen in der Welt, in demjenigen, was wir heute Umgebung nennen, und von da aus zurückgespiegelt in die Integrierungsarbeit des Philosophen. Erst in der Neuzeit haben Menschen zum ersten Mal ihre eigenen Gedanken produziert und verifiziert. Seitdem steht der Mensch einer angeblich bewusstlosen, materiellen Welt gegenüber. Die Überzeugung, dass die Welt selber denkt – und damit auch in sich schlüssig ist – verschwand. Die Umgebung wurde als geistlos erlebt. Heißt dies aber, dass Gedanken bis heute nicht reisen können? Das würde ein Fehlschluss sein. Im Dezember 1919 hält Rudolf Steiner in Dornach einen Vortrag über Baustile als Ausdruck der Menschheitsentwicklung.[192] Er trägt dort vor: »Betrachten Sie einmal die Formen eines griechischen Tempels. Wie kann man die Formen eines griechischen Tempels verstehen? Man kann sie nur verstehen, wenn man sich klar darüber ist, dass der ganze Baugedanke dieses griechischen Tempels daraufhin orientiert ist, den Tempel zum Wohnhaus des

192 Rudolf Steiner: *Die Sendung Michaels*, GA 194, 10. Vortrag.

Gottes oder der Göttin zu machen, die man als Standbild darinnen hatte. Alle Formen des griechischen Tempels wären ein Unding, wenn man ihn nicht so auffasste, dass er die Umhüllung, das Wohnhaus des Gottes oder der Göttin ist, die drinnen stehen sollten.« Ein griechischer Tempel ist – auch ohne, dass Menschen darin sind – niemals leer. Der Tempel gibt dem Gott Raum zum Verweilen. Im Standbild des Gottes ist der Gott selbst anwesend. Für den gotischen Dom, so fährt Rudolf Steiner fort, gilt dies nicht mehr: »Der gotische Dom ist erst fertig, wenn die Gemeinde drinnen ist.«[193] Ohne Menschen ist eine Kirche niemals voll. Der Dom ist nicht nur Wohnort eines Gottes; er wartet darauf, von betenden Händen erfüllt zu werden. Der Altar bittet um Population. Diese Änderung im architektonischen Erleben weist auf eine Umwälzung spiritueller Verhältnisse hin: »Die Menschen waren in ihrer Seelenstimmung natürlich anders in dieser Zeit als in der Hochblüte des griechischen Denkens. Das Bewusstsein von der unmittelbaren Gegenwart göttlich-geistiger Mächte war nicht vorhanden, die göttlich-geistigen Mächte waren fern in ein Jenseits versetzt. Das irdische Reich war vielfach angeklagt als ein solches des Abfallens von den göttlich-geistigen Mächten. (...) In dem gotischen Dom ist alles aufstrebend, es ist alles darauf hinweisend, dass in geistigen Fernen gesucht werden muss dasjenige, wonach die Seele dürstet. Dem Griechen war sein Gott und seine Göttin da. Er hörte gewissermaßen mit seinem Seelenohr deren Raunen.«[194]

Der Gedanke, dass der griechische Tempel in sich voll und der gotische Dom in sich leer ist, spricht sofort an. Wir schwingen mit und werden, geschichtlich empfindend, in beide Räume innerlich hineinversetzt. Das Bild vergangener Zeiten wird in

193 Ebenda.

194 Ebenda.

uns lebendig. Wem gehört aber dieser Gedanke? Gehört er Rudolf Steiner? Oder gehört er den Bauten selber, die ihn gleichsam die Zeit überspannend freigeben für jedes lauschende Ohr? Wie dem auch sei, zwei Jahrzehnte später findet diese Überlegung neuen Boden, nicht weit von Dornach entfernt, in Freiburg diesmal, bei einem Menschen, der den Vortrag Steiners bestimmt nicht gehört oder gelesen hat. Denn wir lesen in *Holzwege*, der Sammlung sechs vortrefflicher Arbeiten Martin Heideggers: »Ein Bauwerk, ein griechischer Tempel, bildet nichts ab. Er steht einfach da inmitten des zerklüfteten Felsentales. Das Bauwerk umschließt die Gestalt des Gottes und lässt sie in dieser Verbergung durch die offene Säulenhalle hinausstehen in den heiligen Bezirk. Durch den Tempel west der Gott im Tempel an. Dieses Anwesen des Gottes ist in sich die Ausbreitung und Ausgrenzung des Bezirkes als eines heiligen. Der Tempel und sein Bezirk verschweben aber nicht in das Unbestimmte. Das Tempelwerk fügt erst und sammelt zugleich die Einheit jener Bahnen und Bezüge um sich, in denen Geburt und Tod, Unheil und Segen, Sieg und Schmach, Ausharren und Verfall – dem Menschenwesen die Gestalt seines Geschickes gewinnen.«[195] – Der Tempel ruht in sich selbst. Er führt die Bedingungen für ein Verweilen des Heiligen herbei. Durch den Tempel hindurch begibt die Gottheit sich in die Welt. Im Standbild des Gottes wird die Gegenwart des Gottes nicht nur evoziert, sondern sogar von der Gottheit selber zelebriert, denn das Bild im Tempel »ist kein Abbild, damit man an ihm leichter zur Kenntnis nehme, wie der Gott aussieht, aber es ist ein Werk, das den Gott selbst anwesen lässt und so der Gott selbst *ist*.«[196] Dass das Tempelbild und der Gott selber miteinander identisch sind, ist keine Blasphemie. Damit soll keinem

195 Martin Heidegger: *Holzwege*, Frankfurt am Main 1977, S. 27 f.
196 Ebenda, S. 29, Hervorhebung im Original.

abgöttischen Schwärmen Bahn gebrochen werden. Es ist schlichtweg die Feststellung, dass die Griechen tatsächlich ihren Göttern eine Wohnstätte bereiten konnten, auch ohne die Anwesenheit eines Priesters. Der Tempel erleichtert die Persistenz Gottes.

Die Betrachtung des Wohnens der Gottheit im Tempel führt in tiefe Residierungsgeheimnisse des geistigen Lebens. Die wesentlichen Gedanken landen im offenen Herzen hingebungsvoller Philosophen. Wer aber trägt diese Besinnungen? Wenn man sich einmal mit nach-modernem Bewusstsein daran gewöhnt hat, dass Gedanken eine geistige Wirklichkeit in sich bergen, die unabhängig vom Menschen lebt, wird die Frage nach Tempelerneuerung aktuell. Auch hier war es Martin Heidegger vergönnt, wichtige Einblicke zu vermitteln. In seiner *Einführung in die Metaphysik*, einer Vorlesung aus dem Sommersemester 1935, versucht er der Grundbedeutung des griechischen Wortes *parousia* auf die Spur zu kommen. Dieses Wort hat bekanntlich für die Zukunftsperspektiven des Christentums eine zentrale Bedeutung. Es wird von Paulus da verwendet, wo er über die kommende Gegenwart Christi redet.[197] Die geläufige Übersetzung von *parousia* ist »Wiederkunft«. Aber nicht nur für die Theologie, auch für die Philosophie war die Prägung des Begriffes *ousia* – das Wort *parousia* leitet sich von dort her – grundlegend. Von den Scholastikern wurde es mit dem Lateinischen *substantia* übersetzt; die deutsche Metaphysik wiederum hat den Begriff germanisiert, indem sie von »Wesen« und »Wesentlichkeit« gesprochen hat. Ousia, Substanz, Wesen: in dieser Reihenfolge verbirgt sich ein Wandel des metaphysischen Vorstellens. Martin Heidegger aber treibt die Sache noch um eine Stufe weiter. Für ihn haben die Begriffe *ousia* und *parousia* vor allem mit einer vergessenen Bedeutung dieser Wörter zu tun. Diese

197 1 Kor 15,23; 2 Thess 2,1.

Bedeutung weist nicht auf das Substantielle und Wesentliche, sondern auf ein Wohnen hin. Er schreibt: »Alle jetzt aufgezählten Bestimmungen des Seins gründen jedoch in dem und werden zusammengehalten durch das, worin die Griechen fraglos den Sinn des Seins erfahren und was sie *ousia*, voller *parousia* nennen. Die übliche Gedankenlosigkeit übersetzt das Wort mit ›Substanz‹ und verfehlt damit allen Sinn. Wir haben für *parousia* den angemessenen deutschen Ausdruck in dem Wort Anwesen. Wir benennen so ein in sich geschlossenes Bauern- und Hofgut. Noch zu Aristoteles' Zeiten wird *ousia* zugleich in diesem Sinne *und* in der Bedeutung des philosophischen Grundwortes gebraucht.«[198] – Sprachen scheinen historisch flexibel und regenerativ zu sein. In dem Wort *parousia* erlauscht Martin Heidegger nicht zuerst »Substanz« oder »Ankunft«, sondern »Anwesen«. Seine Doppeldeutigkeit – Bauernhof und Gegenwart zugleich – hat dieses Wort offensichtlich aus griechischen Vorzeiten mitgenommen, um sie in die deutsche Sprache hineinzuversetzen. Eine wunderbare Angelegenheit, die unsere Beziehung zur Wiederkunft Christi sowohl vertiefen als auch erweitern kann. Denn wenn wir die Gegebenheit ernst nehmen, dass *parousia* als »Anwesen« nicht nur »Präsenz«, sondern auch »Wohnort« bedeutet – und zwar ein Wohnort, um den ringsherum geerntet werden kann –, dann tut sich hier eine völlig neue Dimension der Wiederkunft auf. Parousie bedeutet nicht nur die Gegenwart Gottes. Es bedeutet auch: Hof Gottes. Der griechische Tempel ist wortwörtlich die Parousie der Gottheit – in dem Sinne, dass er sowohl dem aktivierten, raunenden Walten der Gottheit als auch ihrer unmittelbaren Wohnstätte Ausdruck verleiht. Diese Tatsache wird für Paulus, der mit den griechischen Erfahrungswelten

198 Martin Heidegger: *Einführung in die Metaphysik*, Frankfurt am Main 1976, S. 65.

durchaus vertraut war, Grund genug gewesen sein, den Tempel des vergeistigten Christus mit dem menschlichen Leib zu identifizieren: »Wisst ihr denn nicht, dass euer Leib ein Tempel des euch innewohnenden heiligen Geistes ist?« (1 Kor 6,19).[199] Mit dieser Ansicht greift Paulus die vom Evangelisten Johannes verfassten Worte des Christus auf, wie sie in den Abschiedsreden ausgesprochen wurden: »Wer mich liebt, der wird mein Wort halten; und mein Vater wird ihn lieben, und wir werden zu ihm kommen und Wohnung bei ihm nehmen« (Joh 14,23).[200]

Wo die Rede von einem »Wiederkommen« des Christus ist, soll also in Betracht gezogen werden, dass es sich – zumindest was das griechische Grundwort *parousia* betrifft – nicht so sehr um ein Zurückkehren aus einem vormaligen Verschwinden handelt, sondern eher um eine Anwesenheit, die in der Lage ist sich als Wohnort zu manifestieren. Die Gottheit ist da, wo sie wohnt. Das wäre eine Umschreibung der tieferen Bedeutungsschichten des griechischen Grundwortes. Eine genauere Übersetzung von *parousia* wäre damit nicht »Wiederkunft«, sondern »gesteigerte Gegenwart«. Diese gesteigerte Gegenwart ist ein Zukunftsideal des Christentums, zugleich aber auch eine immer schon realisierte Aktualität; und realisierte Vergangenheit sogar, denn vieles spricht dafür, dass gerade das Pfingstereignis, wie es von den Aposteln erlebt und mitvollzogen wurde, unter diesem Blickwinkel seinen Sinn bekommt: die Ausgießung des Heiligen Geistes könnte man als eine Verwirklichung des christlichen Endspiels betrachten, die erste christliche Parousie, das Wiederkommen des Christus. Seit Pfingsten wohnt der Christusgeist im

199 Text nach Emil Bock, *Das Neue Testament,* Stuttgart 1983.

200 Text nach der Lutherbibel 2017. – *Gesprochen* in Jerusalem, wurden diese Worte nicht zufällig in der Nähe des Urbildes des griechischen Tempels in Ephesus *verfasst.*

Menschen. Seit diesem Augenblick ist die Weltgeschichte Ausdruck der Christustätigkeit. (Es gehört zur inneren Weisheit des Neuen Testamentes, dass das Pfingstereignis nicht in den Evangelien beschrieben wird, wo die göttliche Intervention erklingt und Raum bekommt, sondern nur in dem Buch, das die bloß menschlichen Taten und Wege beschreibt, in der Apostelgeschichte.) Die Frage, von wem die kosmisch relevanten Gedanken getragen werden, kann auf diese Weise beantwortet werden. Soweit die Geistigkeit der metaphysischen Gedanken in der Trinität wurzelt – genauer: in der Sphäre der Angeloi, Archangeloi, Archai – wird sie »Eigentum« des Heiligen Geistes sein. Mit ihren Flügeln landen die wesenhaften Gedanken, wo sie wollen, denn: »Der Geist weht, wo er will« (Joh 3,8).

In der Menschenweihehandlung gibt es eine Passage, in der diese Tatsache subtil und fast unmerklich zur Sprache kommt. In der sensiblen Wortfolge, die unmittelbar an die Einsetzungsworte anschließt, erklingt die Bitte des Christus, dass wir in unser Denken aufnehmen sollen, was gerade zuvor in der Weihehandlung verkündigt worden ist: das Geheimnis von Kreuz, Leib und Blut. Dazu gehört, dass wir Menschen den Tempel unseres Leibes so zur Verfügung stellen, dass wir den göttlichen Gedanken Raum verleihen: Es ist die Rede davon, dass Christi Leidenstod, seine Auferstehung und seine Offenbarung *in uns denken*, und zwar durch alle folgenden Erdenzeiten. Ein ungeheures Wort, das wir in seiner Tiefe fast nur überhören können! Das Leiden, die Auferstehung und die Offenbarung Christi sind denkende Wesenheiten, die sich durch den Zeitenstrom hindurchbewegen, von Jahrhundert zu Jahrhundert fortschreiten – mit-bewegend mit der Geschichte, wie Pallas Athene einen Tempel suchend. Uns ist die Aufgabe erteilt, Säule im Tempel dieser Wesenheiten zu werden. Gelingt uns dies nicht, dann wird das Göttliche keinen Raum in uns bekommen; das Dämonische aber um so mehr.[201] Gelingt uns dies, dann wird die Parousie sich vollziehen und entfalten können. Das Göttliche wird als lebendiger Gedanke in uns verweilen, sich in uns eine Wohnstätte bereiten und so seine Geheimnisse erschließen und kundtun. Eine neue Welt wird sich auftun. Wir werden uns öffnen, das Innere unserer Umgebung belauschen und auf unsere eigene Art wissen, was ein empfindsamer Denker vor uns gewusst und erlebt hat: »Wir kommen nie zu Gedanken. Sie kommen zu uns.«[202]

---

201 Karl Heyer: *Wenn die Götter den Tempel verlassen: Wesen und Wollen des Nationalsozialismus*, Basel 1991.

202 Martin Heidegger: *Aus der Erfahrung des Denkens*, Pfullingen 1986, S. 11.

23 Die Gründung der Christengemeinschaft als mystische Tatsache

In seinem ersten Brief an die Korinther weist Paulus auf eine Tatsache hin, die in ihrer Schlichtheit erschütternd ist: Die Welt ist Geist, und weil sie Geist ist, denkt sie auch, ist sie ein erkennendes, ja sogar ein sich selbst erkennendes Wesen. In der Übersetzung von Emil Bock heißt es: »Uns hat es nun der göttliche Weltengrund durch seinen Geist geoffenbart.« Und eine Zeile weiter: »Welcher Mensch vermöchte das Wesen des Menschen zu erkennen, wenn nicht der Geist des Menschen selber in ihm wäre? So auch kann das Wesen der Gottheit nur durch den Geist Gottes selbst erkannt werden« (1 Kor 2,10–11). Bewusstsein gibt es nicht nur in den Köpfen von Menschen, sondern Bewusstsein, Erkenntnis, Denkkraft ist eine Weltensubstanz, etwas, das die ganze Welt durchwallt und durchdringt und damit im Innersten zusammenhält. Die Welt sinnt, und indem sie sinnt, erzeugt sie sich selbst. Diese Wahrheit, die sich leicht sagen, aber schwer erfassen lässt, ist für Paulus zum Evidenzerlebnis geworden, so dass er ohne irgendeine Erläuterung lapidar hinzufügen kann: »Uns aber ist der Sinn für die Gedanken des Christus gegeben« (1 Kor 2,16).

Wo die Welt als leer empfunden wird, liegt also eine Illusion vor. Die Welt ist nicht leer, sondern voll, ist sogar gepfropft voll: Kein Winkel im Kosmos ist ohne lebendiges, selbstbewusstes Wesen. Wenn wir vom Mysterium von Golgatha reden, sollten wir dies also klar ins Auge fassen: Die Ereignisse in Palästina waren innerweltliche Umwandlungen in einer Welt, die ganz und gar ausgefüllt ist. Die Lebens-Todes-Tat auf Golgatha war ein großes, selbstbewusstes Umbilden der Wirklichkeit durch die Wirklichkeit selbst: ein leidendes Sich-Umformen des Weltengrundes selbst. Dieses Geschehen, das wir in seinem Umfang erst anfangen zu begreifen, wird nicht nur für Menschen in aller Zukunft eine Aufgabe des Denkens sein. Denn wenn die Wirklichkeit denkt, erkennt, und wenn sie sich dann wandelt, umgestaltet, dann wird sie diesem Ereignis auch nachsinnen wollen.

Die Welt sinnt über ihre eigenen Taten nach und damit selbstverständlich auch über ihre größte Tat; sie schreitet fort und wird damit zur Geschichte, will sich aber ständig dasjenige in Erinnerung rufen, wodurch sie neu geworden ist, dasjenige, womit sie ihr Fortschreiten erst möglich gemacht hat: ihre Menschwerdung und die Durchleuchtung aller Finsternis. Erinnern ist Er-innern: wieder innerlich machen. Mit dem Wort »Tut dies zu meinem Gedächtnis« (1 Kor 11,23–25) ist somit nicht so sehr das Gedächtnis des Menschen gemeint als vielmehr das Gedächtnis der Gottheit, die ihren Ankerpunkt im Physischen – Opfer und Wandlung auf Golgatha – jedes Mal wieder innerlich machen will, damit sie der bleibende Quell zur Neuschöpfung der Welt wird. »Uns aber ist der Sinn für die Gedanken des Christus gegeben« heißt dann: Wir machen uns bereit – das heißt, möchten ein Gefäß sein dafür –, dass Christus sich täglich an seine Tat in uns erinnern kann; dass er in uns seinen Leidenstod, seine Auferstehung, seine Offenbarung immer aufs Neue denken, das heißt sinnend wieder erleben kann. Wenn wir sagen und meinen, dass der Sohnesgott in uns sein möge, ist mit dieser Einladung darum auch die Absicht verbunden, besser zu verstehen, was vor zweitausend Jahren mit der Wirklichkeit vorgegangen ist und was ihre neuen Ziele sind. Wir möchten uns dafür öffnen, dass ein Wesen in uns nachsinne über das, was es für uns vollbracht hat, damit wir nicht nur uns selbst, sondern die ganze

Wirklichkeit verstehen und in die Zukunft tragen können; dass wir in uns belehrt werden über Vergangenheit und Zukunft und uns damit erst die wahre Gegenwart erschließen können.

Das griechische Wort für Wiederkunft, *parousia*, hat im eminentesten Sinn mit diesen Absichten und Geheimnissen zu tun. Dieses Wort ist schon allein deswegen ein wunderbarer Griff der griechischen Sprache, weil es die Konzeption »ousia« in sich birgt, einen Kernbegriff der griechischen Metaphysik, in dem die griechische Philosophie all ihren Tiefsinn zusammengeballt hat. Wie alle Originalschöpfungen einer Sprache lässt sich auch *ousia* schwer übersetzen. Weil Übersetzungen aber notwendig sind, um einer Angelegenheit des Denkens Zukunft zu verleihen, haben die Scholastiker dafür optiert, den Begriff »substantia« zu prägen, ein Wort das abgeleitet ist von subsistere: zugrundeliegen, stützen, tragen. Die deutschen Philosophen ihrerseits haben »ousia« mit den Worten Sein, Wesen, Anwesen übersetzt. Damit war die Möglichkeit gegeben, die »ousia« nochmals ganz neu und modern zu denken: »ousia« ist Sein, tragendes Wesen, und Parousie heißt so: das Dabei-Sein, das Anwesend-Sein, das Mittragen.

Hinzu kommt noch der Doppelsinn des Wortes Anwesen, der in dem griechischen Wort *ousia* ebenso enthalten ist. Es ist gewiss kein Zufall, dass das deutsche Wort Anwesen sowohl »gegenwärtig sein« als auch »Gehöft« bedeuten kann und damit darauf hindeutet, dass die wahre Gegenwart immer auch ein Wohnen ist, und zwar ein Wohnen im Einklang mit der Natur. Die Wiederkunft Christi, die Parousie, ist so nichts anderes als die gesteigerte Gegenwart Christi: seine Sehnsucht, immer mehr unter uns, mit uns wohnen zu dürfen und alle Lebenskräfte in der Welt mit Sanftmut zu durchdringen; kein Wiederkommen nach einer Abwesenheit, sondern ein noch andächtigeres, noch wacheres, noch vollkommeneres Hineinströmen-Lassen seiner Wesenheit in die Erde.

Parousie heißt für das andächtige Gehör: zusammen sein, zusammen wohnen, zusammen tragen, die Lebensgemeinschaft des Göttlichen mit dem Menschlichen. Wiederkunft ist die Ehe von Himmel und Erde, die wesenhafte Verbindung zweier Sphären. Diese aber muss herbeigeführt, gewollt werden. Die Welt, die geistig und selbstbewusst und sich selbst erkennend ist, richtet diese Wohnung ein, in der Göttliche und Sterbliche einander erleben dürfen.

Und da ereignet sich das Gewaltige: Bei seiner Wiederkunft öffnet Christus – und mit ihm ist gemeint: die sinnende, empfindende, gestaltende Wirklichkeit als solche – selbst die Tore, durch die er in eine trügerische Scheinwelt eintreten und hineinschreiten kann. »Mein ist der Schlüssel zum Reich des Todes und der Schatten« (Offb 1,18), heißt so nicht allein, dass Christus Herr in der Welt unter unserer irdischen Welt ist, sondern auch – in dem Maße, als auch die Erde selbst ein Ort des Todes und des Schattens ist –, dass die Art, in der die Gottheit in die Welt strömt, in erster Linie eine himmlische Angelegenheit und erst dann eine Angelegenheit des Menschen ist; eine Selbstverständlichkeit, die nur besagt, dass kein Mensch sich einen Kultus ausdenken kann, sondern dass Kultus immer Abbild geistiger Vorgänge ist.

Die Christengemeinschaft war und ist so ein Tor, das zwar durch Menschen geöffnet, nicht aber durch Menschen in die Welt gebracht werden konnte. Nicht Menschen haben diese Bewegung inauguriert, sondern Götter: Letztlich war die entscheidende Bedingung der Gründung der Christengemeinschaft, dass die Menschen diese Gründung auch wollten. Daher konnte Rudolf Steiner zwei Jahre nach dieser Gründung und wenige Tage vor seiner Erkrankung fast testamentarisch sagen: »Die

Christengemeinschaft ist auf geistigem Boden von geistigen Wesen gestiftet in Wirklichkeit.«[203] Damit ist diese Gründung nur als mystische Tatsache zu erkennen und anzuerkennen.

Damals waren es Wandervögel, die diesen Ruf, diesen Wunsch der geistigen Welt haben hören und beantworten können: Sie haben schon früh in ihrem Leben gewusst, dass Wohnen in der Natur etwas mit Gegenwart, Parousie, zu tun hat. Wandervögel in ihrem Sinn können wir heute nicht mehr sein; sollen wir auch nicht sein. In übertragenem Sinn aber gilt es auch heute noch, Wanderer zu sein und Flügel zu entfalten: Schwellengänger können wir werden, Schwellenvögel, damit die Gründung ständig Neugründung werden kann und wir Gefäß für die große Erinnerung, das fortschreitende Weltgedächtnis.

203 Rudolf Steiner: *Vorträge und Kurse über christlich-religiöses Wirken*, GA 343, Band II, Ende der Vorbesprechung des 16. Vortrags.

V Nacht in Europa

24 Ein Spaziergang durch Brüssel

Im Herbst 2016 habe ich zwei lange Spaziergänge in Brüssel gemacht. Der Plan war nicht neu und auch seine Ausführung war es nicht. Seit es mir erlaubt ist, ohne Eltern durch die Welt zu reisen – das heißt seit 1994, dem Jahr in dem ich achtzehn Jahre alt wurde –, bin ich quer durch Europa gereist, um in den verschiedensten Städten dieses Kontinents Fußwege abzuwandern. Wanderungen sind stille Verbindungen mit dem, was vorbeigleitet. Und wenn einmal der richtige Rhythmus, die angemessene Geschwindigkeit gefunden ist, tut sich die Möglichkeit auf, stundenlang zu gehen, von morgens bis abends, mit kleinen Pausen zwischendurch, um die Stadt auch aus der Ruhe heraus zu betrachten. Es gibt beim Reisen zwei Optionen, die ich beide wiederholt erprobt habe. Der Spaziergang kann allein gemacht werden, oder mit einem Freund oder einer Freundin. Beide sind gleichwertig. Nur sollte im letzteren Fall Einstimmigkeit über die Einrichtung des Tages herrschen: Wir wollen uns heute mit vielen Straßen bekanntmachen. Mittlerweile ist fast keine Großstadt in Europa von mir ohne einen solchen Besuch geblieben. Das europäische Stadtgebilde steckt tief in meinen Beinen. Die beiden Spaziergänge in Brüssel, jetzt schon mehrere Jahre her, habe ich allein gemacht. Einige Monate davor, am 22. März, hatte die Stadt Terroranschläge zu erleiden, und ein bestimmter Teil von Brüssel, Molenbeek, war auf einmal weltweit bekannt geworden. Er genießt seitdem keinen guten Ruf mehr. Ich hatte mir vorgenommen, dieses Viertel nicht zu meiden. Das Aussteigen in Bruxelles-Midi, dem Südbahnhof Brüssels, wo meine beiden Spaziergänge anfingen, war ein Wiedersehen, denn vor zwanzig

Jahren war es hier, in dieser Hauptstadt Belgiens, dass ich an die Universität ging. Die Stadt hat sich seitdem nicht grundsätzlich geändert. Sie ist eine bunte Mischung vieler Nationalitäten, vor allem afrikanischer Prägung, die in ihren Straßen viele Sprachen ertönen lässt, vor allem Französisch, Niederländisch, Deutsch, Italienisch, Spanisch und Arabisch. Wer nicht die ganze Welt liebt, wird bestimmt auch Brüssel nicht lieben können. Die letzte Zählung hat erwiesen, dass sich in dieser Stadt Menschen aus 182 Ländern zusammenfinden, eine Zahl, die von keiner anderen Stadt in Europa überboten wird und in der ganzen Welt nur von Dubai. All diese Menschen sind Glückssucher. Die Glücksvorräte Europas reichen aber nicht aus. Jeder empfindsame Reisende wird das in diesem Schmelztiegel erleben können. In Brüssel ist das Leid manchmal durch die Mauern der Häuser hindurch zu spüren, wenn es nicht sogar klipp und klar auf der Straße vorzufinden ist. In den reichen Ecken dieser Stadt, in Watermaal-Bosvoorde, Sint-Pieters-Woluwe oder Ukkel, gibt es große Häuser und Diplomatenluft. Wer aber durch Sint-Joost-ten-Noode, Schaarbeek oder Sint-Jans-Molenbeek geht, wird anderes erleben. So geschah es auch mir. Als ich in der Rue Ropsy Chaudron beim Abattoir Anderlecht rechts abbog, in die lange Rue Heyvaert hinein, staunte ich, wie ich nirgendwo in Europa gestaunt habe, nicht einmal in Marseille oder Neapel: auf einmal war ich der einzige Weiße in der ganzen Gegend, um mich herum nur Afrikaner, Dutzende junge Männer mit tiefschwarzer Haut, zwanzig oder dreißig Jahre alt; nicht eine Frau war zu sehen, dafür aber eine Autowerkstatt neben der anderen, verbrauchte Klapperkisten reihenweise zur Schau gestellt, wartend auf Reparatur und Wiederverkauf, schmutzige Karosserien und aufgestapelte Reifen ringsherum. Die Männer in dieser Straße arbeiteten nicht. Es hätte nie Arbeit geben können für so viele.

Sie saßen einfach auf Plastikstühlen vor den Werkstätten, oder sie standen herum. Ihre gesellschaftliche Hoffnungslosigkeit kam mir unvermittelt entgegen. Es gab keine Mauern, die ihr hartes Leben für mich verhüllten.

Diese traurige Lage mitten in der Hauptstadt Europas gab mir zu denken und zu fühlen. Sie brachte mir auch mit einem Schlag zu Bewusstsein, weswegen ich überhaupt dorthin gekommen war. Wer in Belgien geboren ist, hat unwillkürlich eine ambivalente Identität. Das Land besteht aus drei Regionen (Flandern, Wallonien und Brüssel) und hat vier Parlamente. Es hat keine Einheit. Wenn es Brüssel nicht gäbe – das Kind, das keines der beiden Elternteile in einer Scheidung aufgeben möchte –, hätte Belgien sich schon längst aufgelöst. In Flandern, wo Niederländisch gesprochen wird, und in Wallonien, wo Französisch gesprochen wird, gibt es andere Zeitungen, anderes Fernsehen und andere Promis. Die bekanntesten Sänger Flanderns hört in Wallonien keiner, und umgekehrt gilt das Gleiche. Der Belgier gehört seiner Nation nicht an. Es ist nicht übertrieben, zu behaupten, dass Belgien ein Land ohne Volksseele ist. Das Land ist im Jahre 1830 gegründet worden, nicht weil eine geistige Notwendigkeit vorlag, sondern weil die Großmächte einen Pufferstaat brauchten, wo sie auf neutralem Gebiet ihre Konflikte lösen könnten. Dass Belgien ein geistiges Loch darstellt, mit Brüssel als bebendem Epizentrum, lässt sich an vielem ablesen, nicht zuletzt an der grausamen Architektur in diesem Land, die oft von allen guten Geistern verlassen ist.[204] Brüssel hat seinen Namen mit Recht verdient: er stammt von »Bruocsella«, einem altfränkischen Wort, das Siedlung (sella) beim Sumpf (bruoc) bedeutet. »Bruoc« und »breuk«, »Bruch« auf Niederländisch, sind

204 Die Website *uglybelgianhouses.tumblr.com* sollte niemand ungesehen lassen.

sprachlich verwandt. Im Sumpf bricht das Land auf. Brüssel ist der Ort, wo die Welt zerbröckelt.

Das Auseinanderfallen der Welt, das in jedem Ghetto Sinneserfahrung wird, beschränkt sich in Brüssel nicht auf die Trostlosigkeit, die unverhüllt auf der Straße liegt. Manche Geheimnisse dieser Stadt reichen tiefer. Da gilt es, sich langsam suchend heranzutasten, denn die Schleier dieses Ortes lassen sich nicht leicht lüften. Immerhin gibt es eine Bildsprache in diesen Straßen, die mit exakter Phantasie entzifferbar ist. Vor allem in der Nähe des Europäischen Parlamentes, im Südosten der Stadt, lassen sich aus dieser Sicht aufklärende Erfahrungen sammeln. Dieses Parlament ist in dem, was es an Volksrecht zusammenbringt, eine politische Großtat. Nach zwei grausamen Kriegen war der Ruf nach Frieden in Europa größer als je zuvor. Der Kontinent sollte neu geordnet werden. Die politische Absicht von Jean Monnet, Robert Schuman und Konrad Adenauer, eine europäische Integration zu ermöglichen, ist für dieses Projekt bestimmend gewesen. Wir verdanken ihrer Arbeit eine Jahrzehnte dauernde Friedensperiode, zumindest zwischen Frankreich, Deutschland und Großbritannien. Wer die Kriegsgeschichte dieser Länder überschaut - nicht nur die des 20. Jahrhunderts –, weiß, welche diplomatische Leistung hier vorliegt. Die Anerkennung dieser Tatsache darf aber nicht darüber hinwegtäuschen, dass die europäische Einigung nicht ohne Schatten geblieben ist. Manchmal kommt Ahriman auch als friedvoller Gast. In der Nähe der Hauptgebäude der Europäischen Union, zwischen dem Parc Leopold und dem Parc du Cinquantenaire, wird dies geistig spürbar. Im Jahre 1902 besuchte Rudolf Steiner hier auf der Rückreise von einem theosophischen Kongress in London das

Wiertz-Museum.[205] Der Eingang des Europäischen Parlamentes ist heute weniger als hundert Meter von diesem Museum entfernt. Die Ausstellung ist wie eine Art Zeitkapsel. Alles scheint noch genau, wie es vor mehr als hundert Jahren war. Türen und Fenster sind nicht modernisiert. Das Museum lässt sich nur finden, wenn man es sucht, und es gibt kaum Touristen, die Interesse daran haben. An dem bestimmten Herbsttag war ich alleine dort. Das ganze Museum besteht aus nicht mehr als einem Raum, der freilich groß, vor allem sehr hoch ist. Dieser Raum ist still und hell. Es muss dem Maler Antoine Wiertz (1806-1865) eine besondere Freude bereitet haben, diese Räumlichkeit als Atelier zu bekommen. Er hat sie auf jeden Fall nicht ungenutzt gelassen. Die Bilder und der Raum, in dem sie zustande kamen, gehören fest zusammen. Sie scheinen einander Kraft zu verleihen. Dabei ist ihre Größe der wesentliche Faktor: das Erste, was beeindruckt, wenn man hereinkommt, ist die Fläche der Gemälde. Ihr Ausmaß grenzt an das Pompöse. Dennoch ist ihre Riesenhaftigkeit keine Zumutung. Sie scheint merkwürdigerweise sogar angemessen. Denn diese Bilder möchten kein ästhetisches Gleichgewicht vermitteln oder irgendwie den Betrachter beruhigen. Sie wollen im Gegenteil anstößig sein und einen Schock auslösen. Wir sehen Körper, die grausam zerrissen werden; einen Mann, der sich durch den Kopf schießt; jemanden, der lebend begraben wird; Napoleon brennend in der Hölle; Dämonen, die um Seelen ringen – alles äußerst präzise gemalt, barock und kitschig, und dennoch nicht künstlerisch verfehlt. Auch wer im Voraus weiß, welche Bilder hier auf sinnende Augen warten, wird

205 Christoph Lindenberg: *Rudolf Steiner. Eine Biographie*, Stuttgart 1997, S. 343. In seinem Vorwort zur ersten Auflage von *Das Christentum als mystische Tatsache* nahm Steiner Bezug auf diesen Museumsbesuch. In den weiteren Auflagen ist dieses Vorwort nicht mehr enthalten.

nur den Atem anhalten können. In ihrer Stille sprechen diese dreisten Szenen eine laute Sprache. Ein *mysterium tremendum* tut sich auf; in den Wänden scheint Schreckliches zu lauern. Das Kronjuwel der Ausstellung lässt sich rechts im Atelier finden: ein Bild von mehr als elf Metern Höhe und fast acht Metern Breite, mit dem Titel *La revolte des Enfers contre le Ciel*, der Aufstand der Hölle gegen den Himmel. Vor dem Bild zu stehen ist wie aufgenommen zu werden in vorgeschichtliche und unterirdische Welten. Die imponierende Größe der Bildfläche bewirkt, dass der Betrachter nur in der Flut des Vorgestellten ertrinken kann: riesenhafte, schlangenartige Gestalten mit Drachenköpfen, die mit großem Einsatz versuchen, geflügelte menschenähnliche Engelsgestalten hinunter und in ihren Bann zu ziehen. Ein kosmisches Ringen wird zur gemalten Imagination.

Sinnend vor diesem Bilde wurde mir deutlich, dass das Jahr, in dem dieses Gemälde entstanden ist, 1842, zusammenfällt mit dem Anfang des Streites im Himmel, den Rudolf Steiner als den »Sturz der Geister der Finsternis« beschreibt.[206] Sowohl die Größe der Fläche als auch dasjenige, was sie zum Ausdruck bringt, lassen leicht vermuten, unter welcher Inspiration Antoine Wiertz damals gestanden hat. Sein Pinsel hat in nah angrenzende Welten hineingereicht. Er hat malend erfasst, was gerade vorging. Es ist kaum denkbar, dass gerade diese Einsicht Rudolf Steiner entgangen ist, als er vor mehr als hundert Jahren dieses Bild in Augenschein nahm. Lassen Gedanken und Empfindungen sich nicht aneinanderreihen? Folgen sie nicht ihrer eigenen sich sanft entfaltenden Logik? Vielleicht, so musste ich mir an diesem Nieselregentag in Brüssel denken, ist Rudolf Steiner bei seinem Besuch auch nicht entgangen, was auf jeden Fall mir nicht

---

206 Rudolf Steiner: *Die spirituellen Hintergründe der äußeren Welt: der Sturz der Geister der Finsternis*, GA 177, 9. Vortrag.

entgehen konnte, als ich wieder draußen war, nämlich: dass sich dem Wiertz-Museum gegenüber, wie in einer monströsen Koalition, das Königliche Museum für Naturwissenschaften befindet. So gut versteckt das eine Museum ist, so sehr springt das andere ins Auge. Es wird jeden Tag von mehr als tausend Menschen besucht. Weitaus die größte Menge kommt nur wegen eines Teiles der Ausstellung. In einem riesenhaften gläsernen Käfig, drei Stockwerke hoch, mit einer Grundfläche von 3000 Quadratmetern, werden hier die Gebeine von fast dreißig Dinosauriern zur Schau gestellt. Die Gerippe sind komplett. Sie sind im Jahre 1878 gefunden worden – genau am Ende des Streites im Himmel –, in einem Kohlebergwerk in Bernissart an der französischen Grenze, und sind seitdem hier zu besichtigen. Die Aufstellung dieser Gruppe hat mich schon als Kind sehr beeindruckt. Die Gebeine sind so zusammengebracht, dass die prähistorischen Tiere in ihrer vollen Kraft erscheinen, in lebensechter Größe, ein *Jurassic Park* ohne Fleisch. An beiden Seiten der Rue Vautier werden damit, unversehens und dennoch schlüssig, vorweltliche Ungeheuer in geistig realer Größe hervorgezaubert. An dieser Seite der Straße ist es aber nicht still. Die Begeisterung von vielen Jungs durchweht die Flure. Diesen Rausch hatte ich jetzt nicht mehr. Stattdessen kam mir als leicht unheimliche Einbildung ein Gedanke, den ich damals als Kind nicht fassen konnte, der aber nun fast unweigerlich hochkam: Was geschieht in diesen Fluren in der Nacht, wenn die Räume leer sind, verlassen von Besuchern und Begleitern, und diese Monster im Dunkel ihren eigenen Gebeinen überlassen sind? Wird es endlich still um Mitternacht, oder wird die jungenhafte Begeisterung ersetzt durch das kichernde Raunen uralter Geister? Welche Gespenster treiben hier in der Nacht ihr tanzendes Spiel? Diese Frage schien mir umso berechtigter, als ich in die Richtung des Europäischen Parlamentes ging, hundert Meter weiter. Nicht klein war meine Verwunderung, als ich, noch tief versunken in die gerade aufgenommenen Eindrücke, beim Eingang des Parlamentes auf eine Statue stieß, die mir sofort äußerst hässlich vorkam.[207] Eine junge Frau, eine Art zeitgenössische Göttin, hält mit aggressiv in die Höhe gestrecktem Arm das Zeichen des Euro hoch in die Luft. Das Geldzeichen ist fast so groß wie seine selbstsichere Trägerin. Die Göttin guckt kalt, lieblos und arrogant vor sich hin. Ihre Mundwinkel sind ostentativ nach unten gerichtet. Sie kümmert sich um niemanden, auch nicht um den Mann, den sie mit ihrem anderen Arm fest niedergedrückt hält. Der Mann unterliegt ihr und dem Symbol, das sie hochhält. Weit öffneten sich meine Augen, als ich in den Gesichtszügen dieses Mannes die Züge Rudolf Steiners zu erkennen meinte. Augenblicklich war mir deutlich, dass hier mehr vorlag als ein Zusammentreffen verschiedener Umstände. Ein *genius loci* hat ein gutes Gedächtnis. Der Besuch des Eingeweihten hat sich anscheinend in die esoterische Topografie des Ortes eingeschrieben. Die Unterwelten lassen Besinnungen über ihr Walten aber nicht ungerächt. In einer sarkastischen Inversion der Rollen, so musste mein zweiter Gedanke sein, wird offensichtlich hier, wo die Europäische Union ihre Entschlüsse fasst, das vertraute Bild des Zeitgeistes mit dem Drachen unter seinen Füßen dargestellt: Nicht der Geist der Finsternis, sondern der Geist der Helle und des Gleichgewichtes soll unterdrückt und gefesselt werden.

»Ein Gespenst geht um in Europa« – diese Worte schrieb Karl Marx 1847 in einem Café auf dem Großen Markt in Brüssel.[208] Die Aussage hat sich als mehr als eine Vorahnung erwiesen. Zwei Weltkriege und zweiundsiebzig Jahre Bolschewismus

---

207 Google images: european union headquarters statue

208 Karl Marx: *Das Kommunistische Manifest,* S. 1.

in Russland haben zu ihrer Bestätigung das ihrige beigetragen. Die Frage bleibt, in welchem Maße Europa die Gespenster seiner jüngsten Vergangenheit tatsächlich losgeworden ist. Vieles spricht dafür, dass sie dabei sind, verwandelt und in anderer Gestalt wiederzukehren. Ein völlig undreigegliedertes, bürokratisiertes Europa mit technokratischer Tagesordnung, wird, auch wenn es sich als geeint hervortut, seine sozialen Spannungen genauso wenig lösen können wie der Kommunismus damals. Wenn in der Nacht die Bestien einer grauen Vorzeit ihre Gebeine heimsuchen, um ihre Inspirationen ein wenig weiter in das parlamentarische Halbrund zu schicken, wie es mir vor Ort als nicht nur ausgedacht vorkam, dann wird Brüssel seinen Namen – Siedlung beim Sumpf – gewiss einmal mehr verdienen. Wo die Göttin Euro ihre Siege feiert, wird nur Ungeist walten können. Das sollte nicht falsch verstanden werden. Selbstverständlich kann es sich nicht darum handeln, eine Rückkehr in nationalistische Phantasmen zu erstreben. Nicht nur der Kommunismus, auch der Faschismus hat, auch in seinen gemäßigteren Varianten, endgültig ausgedient. Europa soll geeint werden, das ist sonnenklar – die Frage ist nur: von wem und wie? Einfache Antworten wird es da nicht geben können, eines darf jedoch als gesichert gelten: Belgien nimmt bei der Beantwortung dieser Frage eine Schlüsselposition ein.[209] Wer hier geboren ist, kann diesem Land unmöglich zugehören. Ein Belgier kann nur, und sogar zutiefst, Europäer sein. Lange Spaziergänge durch die wunderbaren Städte Europas können dieses Grundgefühl nur bestätigen, immer wieder. So will auch Brüssel geliebt und erlöst werden. Diese Möglichkeit gibt es, daran will ich glauben. Wanderungen sind stille Verbindungen mit dem, was vorbeigleitet.

209 Wilbert Lambrechts, *Plädoyer für ein großzügiges Europa*, Verlag des Ita Wegman Instituts, 2018.

Wird nicht das Evangelium des Friedens, laut Paulus, durch die Füße in die Welt getragen?[210] Wird nicht unser Blickfeld gelenkt? Fußwege werden Erinnerungen, die sich mahnend melden. Ich kann meine schwarzen Brüder, seit ich sie in der Rue Heyvaert gesehen habe, nicht mehr vergessen.

---

210 Eph 6,15.

Mathijs van Alstein wurde 1976 in Belgien geboren. Nach dem Besuch der Waldorfschule studierte er Philosophie an den Universitäten Antwerpen, Brüssel und Leuven und promovierte über das Thema »Hören auf das Sein: Heideggers Lehre vom Logos«. 2006 kam er an das Hamburger Priesterseminar. Im Jahr 2010 empfing er die Priesterweihe und wurde nach Zeist, Holland, entsandt. Mathijs van Alstein ist verheiratet und hat zwei Kinder.